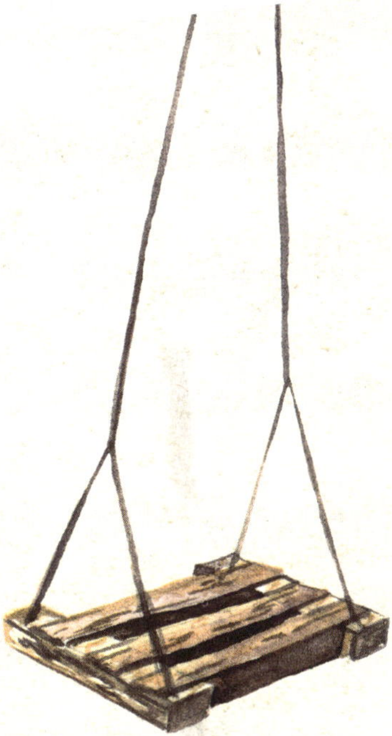

CHRISTA SPANNBAUER

Achtsamkeit
im Großstadtdschungel

CHRISTA SPANNBAUER

Achtsamkeit im Großstadtdschungel

100 ÜBUNGEN
FÜR PRAKTISCH JEDEN ORT –
VON A WIE AUTO
BIS S WIE SUPERMARKT

HERDER

FREIBURG · BASEL · WIEN

Zur Autorin:

Christa Spannbauer lebt als Autorin, Referentin und Filmemacherin in Berlin. In ihren zahlreichen Publikationen und Vorträgen beschäftigt sie sich mit der Frage nach dem guten Leben und zeigt die Alltagstauglichkeit der Weisheitswege aus West und Ost für den modernen Menschen auf. Ihre jahrelange Zen- und Achtsamkeitspraxis unterstützen sie darin.
www.christa-spannbauer.de

Inhalt

Der Himmel über Berlin: Mit Achtsamkeit durch die Stadt

Seit jeher sind die Städte Orte der Sehnsucht und der Hoffnung, Orte, an denen die Träume erblühen. Es wurden Lieder für sie komponiert, cineastische Liebeserklärungen gemacht und Gedichte geschrieben. Große Romane der Weltliteratur wurden ihnen gewidmet. Die Städte inspirieren, vitalisieren, irritieren und provozieren. Doch ganz gleich, wie unterschiedlich sie auch sind, eines eint sie alle: Sie stellen die Menschen, die in ihnen wohnen, vor große Herausforderungen. Denn trotz all der Freuden und Vergnügungen, die sie ihren Bewohnern und Besuchern bieten, tun sie alle auch eines: Sie stressen!

Ich selbst lebe in Berlin. Mitten drin. Vor zehn Jahren zog ich aus den stillen Gefilden eines Meditationszentrums hierher. Standen die Jahre auf dem Land im Zeichen der Selbstfindung, läutete mein Umzug in die Stadt eine neue Lebensphase der Selbstverwirklichung ein. Alles schien in dieser Stadt möglich zu sein. Ich war betört. Fasziniert. Und stürzte mich Hals über Kopf in das Stadtleben hinein.

Doch so begeistert ich auch war von der Fülle der Möglichkeiten, die mir Berlin bot, so stellten sich mit der Zeit doch erste

Anzeichen von Erschöpfung ein. Ich schien nicht mehr so locker mithalten zu können mit dem ständig schneller werdenden Pulsschlag der Stadt. Hektik, Enge und Lärm gingen mir zunehmend auf die Nerven. Und immer öfter traf ich auf Menschen, die ähnliche Stress- und Erschöpfungssymptome zeigten.

Werde ich nun auch in das um sich greifende Berlin-Bashing einstimmen?, fragte ich mich. Oder mache ich mich auf, um meine Liebe zur Stadt neu zu entdecken? Ich entschloss mich zu Letzterem. Und begab mich voller Neugier auf eine ausgiebige Achtsamkeitsexpedition ins Herz der Stadt. Denn nun wollte ich es wissen: Welche Möglichkeiten gibt es, das Leben in der Stadt so zu gestalten, dass es belebt, statt erschöpft und dass es erquickt, statt stresst?

Achtsam durch die Großstadt

Achtsamkeit fördert das, was wir in der hektischen und reizüberfluteten Stadt so oft und so schmerzlich vermissen: Ruhe, Gelassenheit und innere Balance. Hierfür bietet die Achtsamkeitspraxis einfache und zugleich hochwirksame Übungen, um den Stresspegel inmitten des Trubels der Stadt niedrig zu halten. Sie unterstützt uns darin, die eigenen Ressourcen und Kraftquellen immer wieder aufzufüllen und Oasen der Ruhe in den Stadtalltag einzubauen, so dass uns die Superstressoren Lärm, Hektik und Enge nicht aus dem Gleichgewicht katapultieren.

Das macht die Achtsamkeit zum Schlüssel für ein gelingendes Stadtleben. Die Frage, die sich wie ein roter Faden durch dieses Buch zieht, lautet daher: Welche Handlungsmöglichkeiten habe ich, um mit den Herausforderungen der Stadt so umzugehen, dass ich das Leben intensiv und in all seiner Fülle wahrnehmen und auskosten kann?

Hierfür werden Sie in diesem Reiseführer durch die City viele hilfreiche Methoden und praktische Übungen kennenlernen. Einige kommen aus dem MBSR (Stressbewältigung durch Achtsamkeit) und dem MBCL (Mitgefühl durch Achtsamkeit), andere aus dem ACT (Akzeptanz- und Commitment-Therapie). Die meisten sind auf meinen eigenen Achtsamkeitsexpeditionen durch die Stadt entstanden. Viele der wirksamen Übungen und Methoden wende ich selbst in meinem Alltag an und habe sie eigens an die Bedürfnisse der Stadt angepasst.

Ich bin davon überzeugt, dass die meisten von uns über profunde Fähigkeiten verfügen, um die Herausforderungen des Stadtlebens zu bewältigen. Häufig verlieren wir aber in der Hektik und Zerstreutheit des Alltags den Zugang zu diesen Ressourcen. Der erste Schritt ist daher immer, die Aufmerksamkeit auf das Hier und Jetzt zu richten und sich zu fragen: Lebe ich diesen Augenblick?

Ich werde Sie daher in diesem Buch immer wieder anstupsen und Sie daran erinnern: Sehen Sie hin! Lauschen Sie! Schnuppern und schmecken Sie! Entdecken Sie mit allen Sinnen und mit einem offenen Herzen die wundervollen Möglichkeiten, die Ihnen die Stadt in jedem Augenblick bietet.

Stress in the City

In der Stadt kommen jede Menge Faktoren zusammen, die Stress auslösen: der überfüllte Bus, in dem wir auf der morgendlichen Fahrt zur Arbeit keinen Sitzplatz finden, der Lärm des Straßenverkehrs um uns herum, die hetzenden Menschen in der Fußgängerzone, das Anstehen in der Supermarktschlange nach einem langen Arbeitstag, der Stau, in dem wir mit dem Auto feststecken ebenso wie die riskanten Situationen, denen wir beim Radeln ausgesetzt sind.

Stress versetzt unseren Körper in Alarmbereitschaft. Wir wollen fliehen oder kämpfen. Ersteres können wir in der Enge der Menge meist nicht und Letzteres ziemt sich nicht. Unser Körper reagiert aber trotzdem und schüttet Stresshormone aus, die er für Flucht oder Kampf benötigt: der Blutdruck steigt, das Herz rast, der Adrenalinspiegel steigt. Die Folgen für uns sind Nervosität, Anspannung, Aggression und Angst.

Gelingt es uns nicht, diesen Stress wieder abzubauen, kann es zu chronischen Stresssymptomen wie Müdigkeit, Energiemangel, Überforderung, Depressionen und Schlafstörungen kommen.

Was wir dagegen tun können? Nun, zuerst einmal ist es wichtig, herauszufinden, auf welche Stressoren wir besonders empfindsam reagieren.

REFLEXION:

Gefahr erkannt – Gefahr gebannt!

Vervollständigen Sie die folgenden Sätze:

- Ich gerate im Stadtalltag in Stress, wenn ...
- Normalerweise reagiere ich auf Stress, indem ich ...

ERSTE-HILFE BEI STRESS

TIEFENATMUNG: BERUHIGEN

Mit einigen tiefen Atemzügen signalisieren Sie Ihrem Gehirn, dass es aus dem Stressmodus aussteigen und in den Ruhemodus eintreten kann. Einige bewusste Atemzüge können Sie sich überall und jederzeit gönnen. Gerade an den Stoppstellen des Stadtalltags, die einen normalerweise mit Ungeduld und Nervosität erfüllen: an der roten Ampel ebenso wie in der Supermarktschlange oder beim Warten auf den Bus. Machen Sie sich bewusst: Der Atem ist Ihr verlässlicher Begleiter durch den Stadtstress.

Ahme den Gang der Natur nach. Ihr Geheimnis ist Geduld.

Ralph Waldo Emerson

Mit ihm können Sie sich jederzeit stabilisieren und innerlich zentrieren, wenn Sie aus dem Gleichgewicht geraten.

DAMPFKESSELATMUNG: DRUCK ABLASSEN

Wenn Sie spüren, dass Sie wie ein Dampfkessel unter Druck geraten, dann lassen Sie als erstes Druck ab. Atmen Sie achtsam ein und lassen Sie beim Ausatmen die Luft durch Ihre gespitzten Lippen mit einem Pfeiflaut ausströmen. Schon nach wenigen Atemzügen können Sie den erleichternden Effekt spüren.

HUMMELATMUNG: ENTSPANNEN

Atmen Sie ein und summen Sie beim Ausatmen tief wie eine Hummel. Der Summlaut hat etwas sehr Beruhigendes und Entspannendes. Nehmen Sie wahr, wie Ihr ganzer Kopf von dem Laut erfüllt wird und wie der Lärm um Sie herum verstummt. Eine Minute summen ist Entspannung pur!

Den Stress im Körper orten

Viele Stresssymptome zeigen sich zuerst im Körper: mit Verspannungen, flacher Atmung, Schwitzen, Herzrasen, Kopfschmerzen, Schwindelgefühlen. Indem Sie die Frühwarnsymptome aufmerksam wahrnehmen, verhindern Sie es, in die Stressspirale hineingezogen zu werden. Um Ihre Körperempfindungen inmitten des Trubels wahrnehmen zu können, empfiehlt sich der folgende kleine Check:

ACHTSAMKEITSCHECK DES KÖRPERS

Mittels des Achtsamkeitschecks können Sie Frühwarnsymptome besser erkennen. Sie verschaffen sich zudem eine kleine, doch entscheidende Pause zwischen Stressauslöser und Stressreaktion:

- Halten Sie einen Moment lang inne.
- Nehmen Sie drei achtsame Atemzüge, um zur Ruhe zu kommen.
- Führen Sie dann einen kurzen Körpercheck durch: Wie fühlt sich Ihr Körper an? Gibt es Körperempfindungen, die auf Stress hinweisen?
- Richten Sie Ihre Aufmerksamkeit mitfühlend auf diese Körperbereiche oder legen Sie eine Hand sanft auf diese Stelle.
- Fragen Sie Ihren Körper, was ihm jetzt guttun würde: vielleicht eine kleine Pause, eine Streck- oder Dehnübung, ein paar ruhige Atemzüge?

Der Stress im Kopf

Stress entsteht zu einem großen Teil im Kopf. Daher lohnt es sich herauszufinden: Was sind meine stressauslösenden und stressverschärfenden Gedanken? Indem Sie diese achtsam und wertfrei wahrnehmen und beobachten, nehmen Sie diesen bereits einen Teil ihrer stressauslösenden Kraft. Sobald Sie erkennen »Ich fühle mich gestresst«, reagieren Sie nicht länger auf Autopilot, sondern haben die Möglichkeit, sich wieder Luft zu verschaffen. Was immer hilft? Einige Male tief ein- und ausatmen.

Gefühle und Gedanken
kommen und gehen wie Wolken am Himmel,
die der Wind vor sich hertreibt. Das achtsame
Atmen ist mein Anker im Hier und Jetzt.

Thich Nhat Hanh

Die drei Superstressoren: Hektik, Lärm & Enge

Achtsamkeit heißt, all unsere Sinne auf Empfang zu schalten und ganz präsent im Hier und Jetzt zu sein. In der Stadt sind jedoch gerade unsere fünf Sinne häufig einer Reizüberflutung ausgesetzt. Es gibt zahlreiche Quälgeister, die täglich an unseren Nerven zehren: Der Lärm der Autos, die Hektik auf den Straßen, der Gestank der Abgase, die Enge im Menschengedränge, der herumliegende Müll und chaotische Großbaustellen können unsere empfindsamen Sinne reichlich unter Stress setzen.
Wie können wir diese Flut an Sinneseindrücken verarbeiten, ohne davon überwältigt zu werden? Und wie können wir in einem solch energetischen Unruhefeld überhaupt die Ruhe bewahren?

Slow Life statt Hektik

Der Pulsschlag der Stadt hat eine hohe Frequenz. Solange wir mit dem Tempo mithalten können, laufen wir beschwingt und voller Tatendrang durch den Tag. An manchen Tagen aber scheint die Stadt einfach zu schnell zu schwingen. Jeder beeilt sich, hastet zum nächsten Termin, hetzt zur Arbeit.
Wenn Sie das Gefühl überkommt, sich in einem Wettlauf mit der Zeit zu befinden, ist Entschleunigung angesagt. Ja, die Welt scheint sich immer schneller zu drehen. Und in der Stadt dreht sie sich sogar noch einen Zacken schneller. Doch egal, wie sehr Sie sich auch hetzen: Den Wettlauf gegen die Zeit

können Sie nicht gewinnen. Sie werden nur immer gestresster und geraten außer Atem. Genau das aber verschärft den Stress und macht Sie nur noch nervöser und hibbeliger.

> Warum leben wir
> in solcher Hast, mit solcher
> Vergeudung von Leben?
>
> Henry David Thoreau

ERSTE-HILFE BEI HEKTIK

EINEN GANG HERUNTERSCHALTEN

Halten Sie bewusst einen Moment inne und nehmen Sie das Tempo raus. Stellen Sie sich vor, dass Sie wie in einem Auto einen Gang herunterschalten und den Fuß vom Gaspedal nehmen. Richten Sie dabei die Aufmerksamkeit auf Ihren Atem. In der Hektik atmen wir meist flach und schnell, was unseren inneren Stress noch verschärft. Nehmen Sie fünf tiefe und langsame Atemzüge, um aus dem Stressmodus auszusteigen.

ANKER AUSWERFEN

Wenn Sie spüren, dass Sie vor lauter Hektik und Zeitdruck den Boden unter den Füßen verlieren und wie ein steuerloser Ozeandampfer durch die Straßen schippern, werfen Sie einen Anker aus. Drücken Sie die Füße fest auf den Boden. Spüren Sie Ihre Fußsohlen auf dem Boden. So erden Sie sich, sichern Ihren Stand und stabilisieren sich innerlich.

IMPULS

Machen Sie sich heute ein wertvolles Geschenk:
Schenken Sie sich Zeit!

Die Entdeckung der Langsamkeit

Zu Fuß gehen ist die wirksamste Methode der Entschleunigung. Im Gehen widersetzen wir uns der modernen Obsession der Geschwindigkeit. Und nichts vermag unser Alltagstempo effektiver zu drosseln als ein achtsamer Spaziergang durch die Straßen der Stadt. Das Gehen macht zugleich den Körper wacher und den Geist klarer und öffnet damit unsere Aufmerksamkeit für die urbane Landschaft um uns herum.

Die Stoppstellen im Stadtalltag nutzen

Das Tempo in der Stadt ist hoch. Menschen hasten von A nach B. Gleichzeitig gibt es zahlreiche Stoppstellen, die einen reibungslosen Sprint durch die Stadt unterbrechen: die rote Ampel, der Stau auf der Stadtautobahn, die Wartezeiten auf die öffentlichen Verkehrsmittel. In der Regel erfüllen uns diese Unterbrechungen mit Ungeduld. Aus der Perspektive der Achtsamkeit betrachtet sind diese Stoppstellen jedoch die besten Gelegenheiten, um unser gedankenloses Hasten zu unterbrechen und den Autopiloten auszuhebeln, mit dem wir durch die Stadt hetzen. Was also läge näher, als diese Stoppstellen für eine kleine Übung in Gelassenheit zu nutzen?

> Langsam durch belebte Straßen
> zu gehen, ist ein besonderes Vergnügen.
> Man wird umspült von der Eile der anderen.
>
> Franz Hessel

ATEMMEDITATION:

Die Ruhe des Buddhas

Ein bewährtes Mittel, um wieder zur Ruhe zu kommen und sich zu stabilisieren, ist das achtsame Atmen. Das Gute ist: Sie können es überall und jederzeit anwenden. Denn Ihren Atem haben Sie ja immer bei sich.

- Wenden Sie Ihre Aufmerksamkeit Ihrem Atem zu. Atmen Sie dreimal langsam und tief ein und aus.
- Richten Sie nun Ihre Aufmerksamkeit auf den Bauchbereich und nehmen Sie wahr, wie sich beim Einatmen die Bauchdecke hebt und wie sie sich beim Ausatmen wieder senkt.
- Machen Sie sich bewusst: Im Bauchbereich liegt das Zentrum Ihrer Kraft. Die östlichen Meditationslehren sprechen vom Chi, der Lebenskraft, die im Hara (dem Bauchbereich) beheimatet ist. Hier ist die Kraft des Tigers gepaart mit der Ruhe des Buddhas.

In der Schlange im Supermarkt

Sie ist eine gefürchtete Geduldsprobe am Feierabend: die Warteschlange im Supermarkt. Eine gefühlte Ewigkeit stecken wir in ihr fest, gemeinsam mit anderen hungrigen Menschen, die sich ebenso wie wir danach sehnen, endlich heimzukommen. Doch anstatt nun verärgert darüber nachzugrübeln, weshalb die Warteschlange, in der wir stehen, mal wieder die langsamste ist, könnten wir diese Wartezeit auch für eine stabilisierende Achtsamkeitsübung nutzen.

KÖRPERÜBUNG:

BODENHAFTUNG

- Stellen Sie sich aufrecht hin und nehmen Sie einen stabilen Stand ein. Richten Sie Ihre Aufmerksamkeit auf Ihre Füße und nehmen Sie wahr, wie Ihre beiden Fußsohlen fest auf dem Boden stehen. Damit erden und stabilisieren Sie sich innerlich.
- Richten Sie Ihre Aufmerksamkeit nun auf Ihren rechten Fuß und verlagern Sie Ihr Gewicht auf diesen. Nehmen Sie den Druck auf Ferse und Fußballen wahr, der damit zunimmt. Spüren Sie Ihre Zehen und krümmen und bewegen Sie diese.
- Kehren Sie dann wieder in Ihren stabilen Stand auf beiden Füßen zurück, bevor Sie die gleiche Übung mit dem linken Fuß durchführen.

- Kehren Sie zum Abschluss der kleinen Übung wieder in den stabilen Stand auf beiden Füßen zurück. Spüren Sie, wie Sie nun fest geerdet mit beiden Beinen auf dem Boden stehen. Nichts kann Sie mehr so schnell aus dem inneren Gleichgewicht bringen – auch nicht der Hintermann, der Ihnen den Einkaufswagen in die Kniekehlen schiebt.

Stressfaktor Stau

»Freie Fahrt für freie Bürger«, lautete einst der vielzitierte Slogan des ADAC. Bis heute umgibt das Auto der Nimbus von Freiheit. In der Stadt sieht die Realität jedoch völlig anders aus. Wir kriechen im Schneckentempo von einer roten Ampel zur nächsten. Und stecken morgens und abends in der Rushhour fest. Pro Jahr, so die Statistik, stehen die Deutschen 58 Stunden im Stau. Der Stau ist damit nicht nur Zeitfresser, sondern auch Stressfaktor ersten Ranges. Denn das Warten im Stau löst eine klassische Stressreaktion aus: Das Gehirn interpretiert die unfreiwillige Blockade als Bedrohung und aktiviert das archaische Kampf- und Fluchtverhalten. Adrenalin und Stresshormone werden ausgeschüttet, Blutdruck und Herzfrequenz steigen und die Muskeln verspannen sich. Gereiztheit, Ärger und Panik am Steuer sind die Folge.
Machen Sie sich bewusst: Auch wenn Sie sich jetzt noch so sehr ärgern, kommen Sie doch nicht schneller voran. Fragen Sie sich lieber, wie Sie diese anscheinend verlorene Stauzeit sinnvoll nutzen könnten.

INSPIRATION:

Thank you for the music!

- Gute Musik kann im Stau Wunder wirken. Werfen Sie Ihre Lieblingssongs ein und Ihre Stimmung wird sich umgehend aufhellen. Und wenn Sie dann auch noch lautstark mitsingen, senken Sie aktiv den Stresspegel. Denn Singen entfaltet eine ähnlich beruhigende Wirkung wie die Atemübungen des Yoga. Die Atmung vertieft sich, die Herzfrequenz sinkt und Glückshormone werden ausgeschüttet.
- Wissenschaftliche Studien belegen den entspannenden und gesundheitsfördernden Effekt klassischer Musik. Sie wirkt sich stabilisierend auf Blutdruck und Kreislauf aus, beruhigt die Atmung und reduziert Stresshormone. Insbesondere die Komponisten des Barocks benutzten harmonische Formeln und schufen Frequenzen, die im Gehirn Harmonie erzeugen und das Herz beruhigen. Nehmen Sie für Ihre nächste Autofahrt das »Air« von Johann Sebastian Bach oder Vivaldis »Vier Jahreszeiten« mit ins Auto, um deren beruhigende Wirkung im Stau anwenden zu können.

Stille in der Stadt finden

Wohin wir auch gehen, der Lärm verfolgt uns auf Schritt und Tritt. Ob wir auf dem Weg zur Arbeit sind oder zu einem Treffen mit Freunden – rund um die Uhr prasseln die Geräusche der Stadt auf uns ein. Und als ob der Verkehrslärm nicht schon laut genug wäre, wächst an jeder Straßenecke auch noch eine Baustelle aus dem Boden. Wie wollen wir mit dieser permanenten Lärmbelästigung umgehen?

ERSTE-HILFE FÜR SENSIBLE OHREN

Seien Sie gut zu Ihren Ohren, die in der Stadt so einiges aushalten müssen. Legen Sie ab und an Ihre warmen Hände schützend auf Ihre Ohren. Massieren Sie sanft Ohrränder, Ohrläppchen und Ohrmuschel.
Legen Sie öfters ganz bewusst eine Gehörpause ein, indem Sie einen ruhigen Ort aufsuchen.

Die Stille ist nicht
auf den Gipfeln der Berge,
der Lärm nicht auf den Märkten der Städte;
beides ist in den Herzen der Menschen.

Indische Weisheit

ALLTAGSÜBUNG:

Geräusche aufnehmen und annehmen

Anstatt sich vom Lärm der Stadt und ihrer ständigen Geräuschkulisse überwältigen zu lassen, versuchen Sie einmal, sich den einzelnen Geräuschen interessiert zuzuwenden.

- Stellen Sie sich vor, Ihr Gehörsinn ist wie ein Mikrofon, das alles aufnimmt, was es hören kann.
- Nehmen Sie die jeweiligen Geräusche zur Kenntnis und benennen Sie diese: das ist ein Auto, das ist ein Presslufthammer, das ist ein Vogel ...
- Hören Sie aufmerksam und neugierig hin, welche einzelnen Geräusche Sie aus der Geräuschkulisse herausfiltern können.
- Erforschen Sie das jeweilige Geräusch, ohne es zu bewerten: Ist es laut, schrill, dumpf, leise?
- Gut möglich, dass Ihnen einige Geräusche gar nicht gefallen. Nehmen Sie auch Ihren Widerstand dagegen interessiert zur Kenntnis.
- Alles, was Sie erkennen, benennen, erforschen und schließlich auch annehmen können, verliert an Macht und Bedrohung. Sie fühlen sich dem Lärm dadurch weit weniger ausgeliefert.

Oasen der Stille

Für unsere geistige und körperliche Gesundheit ist es wichtig, Oasen der Stille inmitten der Stadt ausfindig zu machen. Sei es ein Park oder ein Friedhof, eine Bibliothek, ein abgeschiedener Innenhof, eine Kirche oder ein Meditationszentrum.

INSPIRATION:

In die Stille horchen

Gönnen Sie sich eine Auszeit vom Lärm. Suchen Sie einen Ort der Ruhe auf, an dem Sie Kraft tanken und zu Ihrem inneren Gleichgewicht finden können. Lassen Sie Ihr Handy und andere Ablenkungen zu Hause. Nehmen Sie sich Zeit, um an diesem Ort der Ruhe innerlich anzukommen. Lassen Sie sich nieder, legen Sie sich auf die Erde, setzen Sie sich auf die Bank oder lehnen Sie sich an einen Baum. Und tun Sie dann einfach einmal – nichts! Lassen Sie die Seele baumeln. Lauschen Sie in die Stille. Und kosten Sie die Ruhe aus, die sich in Ihnen ausbreitet.

MEDITATION:

Die Stille im Herzen

Unabhängig vom Trubel der Stadt gibt es einen Raum der Stille in unserem Herzen, der uns immer offen steht. Hier kommen wir in Berührung mit uns selbst. Hier geschieht das Wesentliche. Wie aber gelangen wir dorthin? Bewährte Türöffner sind Momente der Achtsamkeit und die Versenkung in die Meditation. Mit der folgenden kleinen Atemmeditation können Sie diesen Raum öffnen:

- Setzen Sie sich aufrecht hin und schließen Sie die Augen.
- Richten Sie Ihre Aufmerksamkeit darauf, wie Ihr Atem ein- und ausströmt.
- Spüren Sie nach jedem Ausatmen ganz bewusst in die kleine Pause vor dem nächsten Atemholen hinein.
- Verlängern Sie diese Pause mit jedem Atemzug etwas und spüren Sie, wie sich damit die Stille in Ihnen ausbreitet.

Das Weite suchen

Die Enge ist ein immenser Stressfaktor. Und in der Stadt gibt es viele Situationen, in denen es richtig eng wird. Situationen, die kaum zu vermeiden sind, wie etwa die morgendliche Fahrt zur Arbeit und die Rückkehr nach Feierabend. Eingepfercht zwischen anderen Menschen bleibt einem manchmal fast die Luft weg. Vergebens versucht man, die eigenen Körpergrenzen zu wahren. Irgendjemand drückt einem immer den Ellenbogen in die Rippen, während einem ein anderer beim Aussteigen auf den Fuß tritt. In Tokio gibt es sogar professionelle Drücker, die die Menschen in die übervolle U-Bahn quetschen. Da haben wir ja noch mal Glück! Doch die Frage bleibt: Wie können wir in der Enge unsere Grenzen wahren?

ACHTSAMKEITSREFLEXION:

Gefahr erkannt – Gefahr gebannt!

- Welche Situationen im Stadtalltag erlebe ich als besonders beengend?
- Gibt es Alternativen, um gar nicht erst in diese Situationen zu geraten?
- Was kann ich tun, um mit der Enge klarzukommen, wenn die Situation unvermeidlich ist?

ERSTE-HILFE, WENN ES ENG WIRD

ERDEN UND RAUM SCHAFFEN

- Wenn es in der Horizontalen eng wird, schaffen Sie sich Raum, indem Sie sich in der Vertikalen ausrichten. Das hilft Ihnen dabei, Ihre Körpergrenzen zu wahren.
- Spüren Sie in Ihren Körper, nehmen Sie wahr, wie Ihre Fußsohlen auf dem Boden stehen und erden Sie sich dadurch ganz bewusst.
- Richten Sie sich auf und nehmen Sie Ihren Körper von den Fußsohlen bis hoch zum Scheitel wahr.
- Werden Sie sich des freien Raums über Ihrem Kopf bewusst.

INSPIRATION:

Raus aus der Stadt!

Fahren Sie so oft wie möglich raus aus der Stadt und in die Naherholungsgebiete am Stadtrand. Nirgendwo können wir so gut auftanken und neue Kräfte sammeln wie in der Natur. Lassen Sie die Enge der Stadt immer mal wieder hinter sich und atmen Sie Weite. Genießen Sie die Stille der Wälder und die Ruhe der Seen.

Unterwegs mit Bus, Bahn & Bike

In der Stadt verbringen wir viel Zeit damit, von A nach B zu kommen. Die Enge in Bussen und U-Bahnen und das hektische Gedränge auf dem Hauptbahnhof erhöhen dabei zwangsläufig den inneren Stresspegel. Wartezeiten und Verspätungen pushen diesen dann noch. Daran können wir erst einmal nichts ändern. Wir können jedoch entscheiden, ob wir uns in den Stressstrudel hineinziehen lassen oder ob wir diese Stresssituationen mit etwas Achtsamkeit entschärfen wollen.

Wartezeiten – Achtsamkeitszeiten

Warten ist ein seltsamer Zustand. Wir sind noch nicht weg, aber auch noch nicht da. Wir schweben irgendwo dazwischen. Letztlich ist es eine Frage der inneren Einstellung, wie wir Wartezeiten erleben. Sehen wir sie als unproduktiv und sinnlos an und schlagen sie einfach nur tot? Schade um die schöne Zeit! Denn wir könnten sie ebenso gut als willkommene Gelegenheit nutzen, unserem Körper und Geist etwas Gutes zu tun.

KÖRPERÜBUNG:

Achtsames Gehen

Nutzen Sie die Wartezeit für eine kleine Gehmeditation. Wir bewegen uns sowieso viel zu wenig und sitzen zu viel. Mit einer Runde achtsamen Gehen kommen Sie in intensiven Kontakt mit Ihrem Körper.

- Richten Sie sich auf und gehen Sie zehn Schritte in die eine Richtung, halten Sie kurz inne, bevor Sie umkehren und wieder zehn Schritte in die andere Richtung gehen.
- Nehmen Sie wahr, wie Sie den Fuß anheben, vorschieben und wieder aufsetzen. Spüren Sie, wie Ihre Fußsohlen den Boden berühren und wie die Fußballen abrollen, wie sich Ihre Knie beugen und wieder strecken.
- Nehmen Sie die Gewichtsverlagerung von einer Seite auf die andere wahr und auch den kurzen Moment der Instabilität, bevor Sie wieder sicher auf dem anderen Fuß stehen.
- Machen Sie sich bewusst: Jeder Schritt, den wir vorwärts gehen, ist nur durch die Preisgabe von Stabilität möglich.

Der Weg ist das Ziel

Der Bus kommt, die Bahn fährt ein. Wie schön! Nun geht es los. Sie fahren Ihrem Ziel entgegen. Oft erscheint die Fahrt jedoch nur als notwendiges Übel, um ans Ziel zu gelangen. Wir sitzen die Zeit ab. Dabei bietet der Weg zum Ziel so viele Möglichkeiten für achtsames Erleben. Sie können Ihre Aufmerksamkeit nach außen wenden und alles um sich herum offen und interessiert wahrnehmen. Oder Sie richten Ihre Aufmerksamkeit nach innen und erforschen Ihre Gefühle, Gedanken und Körperempfindungen.

ALLTAGSÜBUNG:

SIGHTSEEING MIT DEM BUS

Touristen lieben es, mit dem Bus durch die Stadt zu fahren. Schließlich bietet das Busfahren eine ideale Gelegenheit, möglichst viel von der Stadt zu sehen. Weshalb also nutzen wir, die wir in der Stadt wohnen, nicht öfters die Busfahrt für eine achtsame Erkundung der Stadt?

- Stellen Sie sich vor, Sie sehen die Stadt mit den Augen eines Touristen, der von weit her angereist ist, um sie zu entdecken.
- Schauen Sie aus dem Fenster und nehmen Sie die vielen Impressionen in sich auf, die Sehenswürdigkeiten ebenso wie die ganz normalen Wohnhäuser, die öffentlichen Plätze und Straßen und die vielen Menschen, die unterwegs sind.

ALLTAGSÜBUNG:

DIE U-BAHN ALS BÜHNE

»Die ganze Welt ist eine Bühne und Frauen wie Männer nichts als Spieler. Sie treten auf und gehen wieder ab.« Die Worte von Shakespeare kommen mir häufig in den Sinn, wenn ich mit der U-Bahn unterwegs bin. Die U-Bahn bietet großes Theater. So viele Menschen, so viele Leben, so viele Geschichten. Stellen Sie sich vor, dass die U-Bahn eine Bühne wäre, auf der ein bunter Reigen an Charakteren auftritt, jung und alt, arm und reich, exzentrisch und spießig. Die U-Bahn ist der ultimative Schmelztiegel der Stadt, hier treffen alle Gesellschaftsschichten und Kulturen aufeinander.

- Schauen Sie sich die Menschen um Sie herum interessiert an. Wie sehen sie aus, wie verhalten sie sich?
- Erfreuen Sie sich an den Verliebten und Vergnügten, fühlen Sie sich ein in die Einsamen und Verzweifelten.
- Weshalb finden Sie manche Menschen auf Anhieb sympathisch, während andere Ihr Unbehagen wecken?
- Welche Menschen triggern Ihre Vorurteile?
- Kleiner Tipp für zu Hause: Schauen Sie sich den Videoclip der Berliner BVG »Is mir egal« auf YouTube an! Er zeigt auf amüsante Weise den bunten Reigen der Großstadt und wirbt für Toleranz.

ERKENNTNIS:

Unser Urteil über andere sagt mehr über uns aus als über die anderen.

ATEMMEDITATION:

STILLE FAHRT

Sie können die Fahrt mit Bus und Bahn auch bestens dafür nutzen, um mit einer Atemmeditation innerlich Ruhe zu finden. Wenn Sie einen Sitzplatz gefunden haben, dann checken Sie, ob Sie sich wohl und sicher genug für eine kleine Meditation fühlen.

- Schließen Sie die Augen und nehmen Sie Ihren Atem wahr, wie er kommt und geht.
- Vertiefen und verlangsamen Sie Ihren Atem bewusst, wenn dieser flach und schnell geht.
- Spüren Sie, wie sich beim Einatmen die Bauchdecke hebt und beim Ausatmen wieder senkt. Das achtsame Atmen in den Bauchbereich stärkt und stabilisiert Sie.
- Bleiben Sie mit Ihrer Aufmerksamkeit für den Rest der Fahrt bei Ihrem Atem.

KÖRPERÜBUNG:

Body-Scan im Stehen

Mal wieder keinen Sitzplatz ergattert? Bevor Sie sich nun ärgern, nutzen Sie die Gelegenheit und wenden Sie sich Ihrem Körper zu. Er erhält meist sowieso viel zu wenig Beachtung.

- Nehmen Sie Ihre Füße wahr, wie Sie fest auf dem Untergrund stehen.
- Wandern Sie dann mit Ihrer Aufmerksamkeit über Ihre Beine nach oben durch Ihren gesamten Körper.
- Werden Sie sich der Aufrichtung Ihrer Wirbelsäule bewusst. Strecken Sie sich und lockern Sie Ihren Stand.
- Gibt es Stellen, die Ihre besondere Fürsorge brauchen, weil sie vielleicht angespannt sind oder schmerzen?
- Welche angenehmen und wohltuenden Empfindungen können Sie wahrnehmen?
- Nehmen Sie zum Abschluss des Body-Scans drei tiefe Atemzüge, die Sie durch Ihren gesamten Körper fließen lassen.

ACHTSAMKEITSIMPULS:

Mit dem Handy meditieren

Meist dient das Handy zur Ablenkung und Zerstreuung. Doch mit einer Achtsamkeits- oder Meditationsapp wie *7Mind*, die *Achtsamkeits-App* oder *Ballon* können Sie Ihr Handy zu einem Achtsamkeitstool umfunktionieren. Dies empfiehlt sich für alle, die geführte Meditationen mögen und hilfreich finden.

ACHTSAMKEITSIMPULS:

Die Beine vertreten

Wenn Sie etwas Zeit haben, dann steigen Sie eine Station vor Ihrem Ziel aus und legen Sie die restliche Strecke zu Fuß zurück. Das Gehen bringt Sie in intensiven Kontakt mit Ihrem Körper und der Stadt.

Wer nur steht
und wartet, dienet auch!
John Milton

Nichts ist vergleichbar mit der einfachen Freude, Rad zu fahren.

John F. Kennedy

Freiheit auf dem Fahrradsattel

Das Fahrrad ist zwar nicht gerade die gefahrloseste, doch ganz sicher die schönste Möglichkeit, sich durch die Stadt zu bewegen. Sie ist auf kurze Entfernungen am schnellsten und dazu noch hundertprozentig umweltfreundlich. Auf dem Fahrrad bleiben wir nicht im Verkehr stecken, ziehen zügig an Autostaus vorbei und müssen nicht auf Bus und Bahn warten. Die gleichmäßige Tretbewegung ist zugleich gut für den ganzen Körper und befreiend für den Kopf.

ALLTAGSÜBUNG:

Der Achtsamkeitsparcour auf dem Rad

Alle Sinne und unsere volle Aufmerksamkeit sind nun gefragt. Denn Fahrradfahren ist ein Achtsamkeitsparcour der Superlative.

- Schwingen Sie sich auf das Rad und treten Sie in die Pedale.
- Spüren Sie den frischen Fahrtwind auf Ihrem Gesicht, nehmen Sie die Anstrengung in Ihren Beinen wahr, den Herzschlag und den Atem, die sich beschleunigen.
- Richten Sie Ihre Aufmerksamkeit nach außen und halten Sie alles um sich herum im Blick. Nehmen Sie Rücksicht auf Fußgänger und vermeiden Sie Konfrontationen mit Autofahrern.
- Radfahren erfordert es, ganz präsent zu sein, um blitzschnell reagieren zu können.
- Genießen Sie es, den Elementen hautnah ausgesetzt zu sein und Sonne, Regen, Wind und Wetter ganz unmittelbar erleben zu können.

Die Stadt JETZT

Wie oft laufen wir wie mit Scheuklappen durch die Stadt und sind gar nicht wirklich anwesend auf ihren Straßen und Plätzen. Stattdessen cruisen wir in einer Art Zeitmaschine durch unser Leben, grübeln darüber nach, was gestern oder vor zwanzig Jahren war und machen uns Sorgen, was morgen oder eines fernen Tages geschehen könnte. Im Hier und Jetzt sind wir selten anzutreffen. Wie viel kostbare Lebenszeit uns dadurch verloren geht! Anstatt also tagträumend, planend, grübelnd, fantasierend, problemlösend, gedankenverloren durch die Stadt zu geistern, seien Sie wach und holen Sie sich immer wieder in das Hier und Jetzt zurück!

ACHTSAMKEITSIMPULS:

JETZT INNEHALTEN!

- Legen Sie das Buch beiseite.
- Richten Sie Ihre Aufmerksamkeit auf den jetzigen Augenblick.
- Was können Sie spüren?
- Was geschieht um Sie herum?

ALLTAGSÜBUNG:

Jeder Augenblick ist neu

Jeder Weg, auch wenn Sie ihn schon hunderte Male gegangen sind, ist doch jedes Mal neu. Die Stadt ist ständige Veränderung, flüchtige und wogende Bewegung. Im Gehen kommen Sie in intensiven Kontakt mit der Stadt. Wählen Sie einen Weg, den Sie häufig nehmen und gehen Sie ihn dieses Mal so, als wären Sie zum ersten Mal auf ihm unterwegs.

- Richten Sie Ihre Aufmerksamkeit ganz nach außen.
- Nun gilt: Augen auf, Ohren spitzen, die Nase in den Wind halten!
- Seien Sie ganz offene Empfänglichkeit, versenken Sie sich in die kleinsten Alltäglichkeiten.
- Achten Sie auf alles, was Sie sehen, hören, riechen und vielleicht auch ertasten können.
- Nehmen Sie das Spiel des Lichts, die Gerüche, Töne und Farben, Gesichter und Gestalten wahr.
- Entzünden Sie im bunten Menschengewühl Funken der Begegnung.

> Es ist unmöglich, zwei Mal in den gleichen Fluss hineinzusteigen.
>
> Heraklit

Body, my Buddy

Seien wir ehrlich: Oft leben wir mehr neben unserem Körper her als mit und in ihm. Wir ignorieren seine Bedürfnisse, weil wir im Stress sind oder weil wir meinen, wir hätten gerade Wichtigeres und Besseres zu tun. Nutzen Sie daher jede Chance, um in bewussten Kontakt mit ihrem Körper zu kommen und ihn zu spüren. Bewegung ist hierfür die beste Möglichkeit.

KÖRPERÜBUNG:

DIE STADT ALS FITNESSPARCOUR

Der Weg durch die Stadt bietet jede Menge Möglichkeiten, körperlich fit zu bleiben.

- Lassen Sie die Rolltreppe öfters mal links liegen und erklimmen Sie stattdessen die Treppenstufen.
- Nehmen Sie die Anstrengung in den Beinen und die Auswirkungen auf Ihren ganzen Körper wahr.
- Spüren Sie, wie sich Herzschlag und Atem beschleunigen.

ALLTAGSÜBUNG:

Eine erfrischende Achtsamkeitsdusche

Die Achtsamkeitsdusche bietet Ihnen an den Stoppstellen des Stadtalltags die Möglichkeit, ganz wach für den jetzigen Augenblick zu werden und Ihren Körper zu erfrischen.

- Stellen Sie sich vor, Sie stehen oder sitzen unter einer Achtsamkeitsdusche.
- Lassen Sie Ihre Achtsamkeit sanft wie Wasser von oben nach unten über ihren ganzen Körper fließen.
- In der kalten Jahreszeit drehen Sie den warmen Duschknopf an, an einem heißen Sommertag lassen Sie die Achtsamkeit kühlend über Ihren Körper strömen.
- Spüren Sie, wie die Achtsamkeit von Ihrem Kopf über den Hals und die Schultern strömt, wie sie über Ihren Oberkörper, Rücken und Bauch, Arme und Beine nach unten fließt.
- Spüren Sie zum Abschluss Ihre Füße und Fußsohlen fest auf dem Boden.

ALLTAGSÜBUNG:

Jetzt die Umgebung wahrnehmen!

Die kleine Übung können Sie jederzeit in der Stadt praktizieren.

- Halten Sie einen Moment inne
- Nehmen Sie fünf Empfindungen wahr, die Sie an der Oberfläche Ihres Körpers spüren können.
- Blicken Sie sich um und nehmen Sie fünf Dinge wahr, die Sie sehen können.
- Spitzen Sie Ihre Ohren und nehmen Sie bewusst fünf Geräusche wahr.

Der Moment,
in dem Sie bemerken,
dass Sie nicht achtsam sind, ist ein
Moment höchster Achtsamkeit.

Jon Kabat-Zinn

ACHTSAMKEITSIMPULS:

Ich bin dann mal offline!

Schaffen Sie handyfreie Zeiten. Hierfür bieten sich die Mahlzeiten an, das Treffen mit Freunden, der Spaziergang im Park. Entscheiden Sie sich gerade dann für Offline-Zeiten, wenn es Ihnen schwer fällt, abzuschalten!

Die Dinge mit Achtung behandeln

In den Klöstern des Westens und des Ostens ist dies eine grundlegende Übung: ganz gegenwärtig in allen Tätigkeiten des Alltags sein und auch die profanen Dinge mit sakraler Achtung behandeln. Davon können auch wir für unseren Alltag jede Menge lernen. Indem wir den öffentlichen Raum mit Wertschätzung behandeln. Indem wir uns gemeinsam mit anderen für eine lebenswerte Stadt einsetzen. Fühlen Sie sich verantwortlich. Engagieren Sie sich! Wer sich engagiert, trägt zu einem besseren Stadtklima bei.

Das Müll-Dilemma

Ganze Brigaden von Stadtarbeitern ziehen jeden Morgen los, um die Stadt vom Müll zu befreien. Und doch werden sie den Bierflaschen, Einwegbechern, Zeitungen und Plastikverpackungen, die täglich von gedankenlosen Zeitgenossen auf die Straßen der Stadt gekippt werden, nicht Herr. Der Müll ist das hässliche Gesicht der Stadt. Ein ständiges Ärgernis für jeden, der sich achtsam durch die Straßen bewegt. Was aber können wir dazu beitragen, um die Stadt schöner zu machen?

PLOGGING – DER NEUE STADTSPORT

Gehen Sie doch mal Ploggen! Erfunden wurde diese kreative Sportart in Schweden. Sie ist eine Mischung aus Joggen und Bücken, um dabei den Müll aufzusammeln. Eine geniale Idee, die der eigenen Gesundheit ebenso dient wie einer sauberen Stadt. Was es dafür braucht? Eine Tüte für den eingesammelten Müll.

ERKENNTNIS:

Besser dreimal bücken als dreimal meckern!

ACHTSAMKEITSINSPIRATION:

Dreimal bücken

Sie finden Joggen zu anstrengend? Dann werden Sie doch Müllaufheber beim täglichen Spaziergang. »Ich werde dreimal am Tag Müll aufheben und zum nächsten Mülleimer bringen. Wer macht mit?« Mit diesem Aufruf gründete der Berliner Stephan von Orlow die Facebook-Gruppe »Die Aufheber«. Ihre Mission: Einfach ein paar Mal bücken und damit die Stadt sauberer machen. Immer mehr Menschen setzen diese Inspiration in ihrem Alltag um.

Die Poesie der Dankbarkeit

Je mehr es uns gelingt, im Hier und Jetzt zu leben, desto bewusster können wir die vielen einzigartigen und schönen Momente des Stadtlebens wahrnehmen und auskosten. Das ist die Geburtsstunde der Dankbarkeit: sich verzaubern lassen von der Poesie des Augenblicks. Nichts und niemanden für selbstverständlich zu erachten, sondern das Leben selbst als Geschenk zu begreifen.

Wenn wir uns am Morgen vornehmen, dankbar zu sein für alles, was uns an diesem Tag begegnet, werden wir am Abend bereits spürbar glücklicher sein.

David Steindl-Rast

ACHTSAMKEITSREFLEXION:

Dankbarkeit am Abend

- Welche Geschenke hat mir die Stadt heute bereitet?
- Für welche Begegnungen des heutigen Tages bin ich dankbar?

Die Stadt als Kopfkino

Mit unseren Gedanken kreieren wir täglich die Welt, in der wir leben, und bauen uns gleichsam jeden Tag eine neue Stadt. Denn wir sehen die Stadt nie so, wie sie wirklich ist, sondern immer so, wie wir sie gerade wahrnehmen. Ist sie heute die schönste aller Städte, erscheint sie uns vielleicht schon morgen trist und grau.

ERKENNTNIS:

Wir sehen immer nur das, worauf unser Geist die Aufmerksamkeit richtet.

Alles eine Frage der Perspektive

Die Fähigkeit, Perspektiven wechseln zu können, ist die Zauberformel für ein gelingendes Stadtleben. Denn oft können wir eine Situation einfach nicht ändern. Wir können weder den Lärm, noch die Hektik, die Hitze und Enge der Stadt abstellen.

Doch wir können die Haltung, mit der wir darauf reagieren, verändern. Denn unsere Haltung entscheidet letztlich darüber, ob wir an der Situation leiden oder nicht.

ACHTSAMKEITSMEDITATION:

Die Verschmelzung mit Gedanken auflösen

Beobachten Sie bei Ihrem Weg durch die Stadt den Strom Ihrer Gedanken. Sie werden dabei feststellen, dass oft wertende und negative Gedanken aufflackern. Fragen Sie sich an dieser Stelle:

- Stimmt das wirklich, was ich denke?
- Ist dieser Gedanke förderlich?
- Könnte ich die gleiche Situation auch anders sehen?
- Unterstützt mich der Gedanke darin, ein erfülltes und zufriedenes Leben zu führen?

Um Distanz zum Wahrheitsanspruch Ihrer Gedanken herzustellen, können Sie innerlich jeden Gedanken mit dem Zusatz versehen: »Ich habe den Gedanken, dass ...« Dies löst die Verschmelzung mit negativen Gedanken auf.

Glauben Sie nicht alles,
was Sie denken!

Heinz Erhardt

Gedanken wollen erkannt werden

Gedanken sind flüchtiger Natur. Doch schwere Gedanken wie Sorgen und Ängste bleiben gerne länger. Und je mehr wir sie loswerden wollen, umso mehr klammern sie sich fest. Denn schließlich wollen auch sie nur unser Bestes: uns vor möglichen Gefahren warnen. Und deshalb weichen sie nicht, bevor sie nicht Gehör gefunden haben. Es macht daher wenig Sinn, sie bekämpfen und unterdrücken zu wollen. Wenden Sie sich ihnen lieber offen und interessiert zu. Erforschen Sie, welche Auswirkungen diese Gedanken auf Ihre Gefühle und Körperempfindungen haben. Zuverlässig hilft dabei der Viererschritt der Achtsamkeit.

DER VIERERSCHRITT DER ACHTSAMKEIT

- Erkennen
- Benennen
- Erforschen
- Akzeptieren

Wenn Sie störende Gedanken erst einmal akzeptiert haben, ziehen sie in der Regel weiter. Bei besonders hartnäckigen Gesellen empfehle ich Ihnen die folgende, aus der buddhistischen Psychologie stammende Übung, die ich für den Stadtalltag abgewandelt habe.

Das Gehirn ist wie ein Magnet für negative Erfahrungen und wie Teflon für positive.

Rick Hanson

ALLTAGSÜBUNG:

Goodbye Gedanken!

Im Buddhismus gibt es die schöne Meditationsanleitung, Gedanken im Geiste auf vorüberziehende Wolken zu setzen, um diese loszulassen. Nun ist die Stadt aber nicht gerade der geeignete Ort, um längere Zeit in den Himmel zu starren. Diese Variante hingegen können Sie an jeder befahrenen Straße anwenden.

- Stellen Sie sich vor, dass Sie Ihre Gedanken in Autos setzen, die an Ihnen vorbeifahren.
- Ah, dieser zornige Gedanke passt gut in den vorbeiflitzenden Sportwagen!
- Diesen schweren Gedanken lade ich auf den Lastwagen!
- Diese Sorge übergebe ich dem vorbeifahrenden Taxi!
- Blicken Sie den Autos nach, wie sie mit Ihren Gedanken an Bord in der Ferne verschwinden.
- Nehmen Sie wahr, was sich dadurch verändert.

Denken wie ein Buddha

Es ist gar nicht so einfach, an einer schönen Stadt zu bauen, da unser Gehirn ständig auf der Lauer liegt und nach gefahrvollen Situationen Ausschau hält. Begierig stürzt es sich auf alles Negative. Die Neurowissenschaft erkennt darin das Erbe unserer frühen Vorfahren, die immer auf der Hut sein mussten, um nicht gefressen zu werden. Noch heute glaubt unser Reptiliengehirn offenbar, dass jederzeit ein Tyrannosaurus um die nächste Straßenecke kommen könnte. Diese Negativitätstendenz des Gehirns kann einem manchmal ganz schön das Leben vergällen. Doch es gibt auch eine gute Nachricht seitens der Neurowissenschaft: Da unser Gehirn bis ins hohe Alter formbar ist, können wir diese Tendenz verändern, indem wir unser Gehirn auf positive Eindrücke einstimmen. Je bewusster wir die schönen Dinge des Lebens wahrnehmen, desto nachhaltiger prägen sie sich ein und desto mehr nimmt die Negativitätstendenz unseres Gehirns ab.

> Begeisterung ist
> wie Dünger für das Gehirn.
>
> Gerald Hüther

ALLTAGSÜBUNG:

Die Schatztruhe füllen

Der Neuropsychologe Rick Hanson empfiehlt daher, jeden Tag nach schönen Dingen und wohltuenden Sinneserfahrungen Ausschau zu halten und diese ganz bewusst auszukosten. Die Intensität und Dauer der Sinneserfahrungen sind hierbei wichtig. Es braucht mindestens zwanzig Sekunden, so Rick Hanson, damit sich diese Eindrücke unserem Gehirn einprägen und neue Verschaltungen entstehen.

- Nutzen Sie Ihre Wege durch die Stadt öfters zu einer Schatzsuche.
- Stellen Sie wie eine Antenne Ihre Sinne auf Empfang und nehmen Sie alles um sich herum achtsam wahr.
- Lauschen Sie, riechen Sie, ertasten Sie die Stadt.
- Blicken Sie aufmerksam um sich und nehmen Sie wie eine Fotokamera Momentaufnahmen der Stadt auf.

Casablanca – die großen Gefühle

Wer kennt ihn nicht, den Filmklassiker, in dem das Schicksal Menschen aus der ganzen Welt in der marokkanischen Hafenstadt Casablanca zusammenführt. Ja, in den Städten findet auch heute das ganz große Gefühlskino statt. Denn hier treffen mit den vielen Menschen auch alle menschlichen Gefühle frontal aufeinander. Eine wilde, aufregende, sehnsuchtsvolle und mitunter explosive Mischung aus Freude und Wut, Liebe und Angst, Traurigkeit und Hass entsteht. Kein Wunder, dass diese Gefühlswallungen einen mitunter reichlich aus dem Gleichgewicht bringen können.

ERSTE HILFE BEI GEFÜHLSSTÜRMEN

- Nehmen Sie zur Zentrierung fünf tiefe Atemzüge in den Bauchbereich.
- Legen Sie die Hände aufs Herz, um sich zu beruhigen und zu schützen.
- Richten Sie die Aufmerksamkeit auf Ihre Füße und verankern Sie sich mit der Erde.

Die ganze Gefühlspalette

Gefühle sind die Vitalstoffe unseres Lebens. Sie machen das Leben reich, bunt und erfüllt. Oft haben wir jedoch keinen rechten Zugang zu ihnen und spüren gar nicht, was wir gerade fühlen. Sie wollen wieder in Kontakt mit Ihren Gefühlen kommen? Dann beobachten Sie das nächste Mal, wenn Sie auf einem öffentlichen Spielplatz vorbeikommen, kleine Kinder beim Spielen. Kinder sind wahre Gefühlskraftwerke. Wie intensiv und unverstellt sie die ganze Bandbreite ihrer Gefühle ausleben! Sie juchzen vor Lebensfreude, schreien vor Zorn, weinen, wenn sie verletzt sind und rennen davon, wenn sie Angst haben.

ERKENNTNIS:

Gefühle sind essentiell.

- Angst schützt,
- Wut verteidigt,
- Traurigkeit erlöst,
- Ekel warnt,
- Freude erhebt,
- Liebe vereint.

ACHTSAMKEITSREFLEXION:

Feelings!

- Zu welchen Gefühlen habe ich einen guten Zugang?
- Welche Gefühle kann ich nur schwer wahrnehmen und zulassen?
- Welchem Gefühl möchte ich mich in nächster Zeit intensiver widmen?

Wenn Gefühle Alarm funken

In der Stadt sind wir einer permanenten Reizüberflutung ausgesetzt, sodass heftige Gefühle oft blitzschnell aufflackern. Wir geraten immer wieder in Situationen, die Angst, Wut oder Traurigkeit auslösen. Sobald unsere Gefühle Alarm funken, gilt es, ganz wach und achtsam zu sein, um notfalls schnell handeln, gefahrvolle Situationen entschärfen oder sich aus ihnen zurückziehen zu können.

ACHTSAMKEITSMEDITATION:

WIE SCHWERE GEFÜHLE WEICH UND LEICHT WERDEN

Wenn Sie ein starkes Gefühl wie Angst, Wut oder Traurigkeit ohne akuten Anlass für längere Zeit begleitet, nehmen Sie sich etwas Zeit für diese Meditation.

- Halten Sie inne und atmen Sie dreimal langsam ein und aus.
- Erforschen Sie, wo Sie das Gefühl in Ihrem Körper spüren können. Wie fühlt es sich an? Wenn es sich schmerzvoll anfühlt, legen Sie eine Hand besänftigend auf die Stelle.
- Benennen Sie das Gefühl, ohne sich damit zu identifizieren. Sagen Sie nicht: »Ich habe Angst«, sondern »Ich spüre Angst«, nicht »Ich bin wütend«, sondern »Da ist Wut«. Das trägt zur Distanzierung vom Gefühl bei und verhindert, dass Sie damit verschmelzen.
- Akzeptieren Sie das Gefühl, indem Sie sich sagen: »Es ist okay, dass ich Angst spüre.«
- Atmen Sie sanft in das Gefühl hinein, bis sich dieses weitet und weicher wird.
- Fragen Sie sich zum Schluss: Was könnte mir jetzt guttun?

ACHTSAMKEITSIMPULS:

Let it be!

Sie müssen das Gefühl nicht mögen, doch Sie können es sein lassen. Dann sind Sie nicht länger damit verstrickt. Wie sagte Mother Mary in dem Evergreen der Beatles so schön? Let it be!

Je mehr wir etwas ablehnen,
desto mehr Macht erhält es über uns.

Linda Lehrhaupt

Die Stadt als Spiegelbild – wie innen, so außen

Machen Sie sich bewusst: Die Art und Weise, wie Sie auf die Stadt reagieren, sagt viel über ihre innere Befindlichkeit aus. Es ist nicht verwunderlich, dass Sie an den Tagen schreckhafter reagieren, an denen Sie von Sorgen erfüllt sind. Es ist durchaus verständlich, dass Sie den üblichen Stadtlärm schwerer ertragen, wenn Sie bereits mit Kopfschmerzen das Haus verlassen haben.

ACHTSAMKEITSINSPIRATION:

Mudita!

Sie wollen mehr Freude erleben? Dann ist Mudita, die Mitfreude, angesagt! Mitfreude ist eine verlässliche und sprudelnde Freudenquelle. Erfreuen Sie sich an den lachenden Kindern auf dem Spielplatz, an dem alten Paar, das in trauter Zweisamkeit die Straße entlanggeht, den Hunden, die ausgelassen durch den Park tollen, an der jungen Frau, die singend auf dem Fahrrad an Ihnen vorbeiflitzt.
Im Buddhismus gilt Mudita, die Mitfreude, als einer der vier göttlichen Verweilzustände. Kein Wunder – macht sie doch unser Leben reich und leicht und erfüllt.

KLEINER ACHTSAMKEITSCHECK FÜR UNTERWEGS

- Was fühle ich gerade?
- Welche Körperempfindungen habe ich?

Freude vermehrt sich,
wenn wir sie teilen.

Verena Kast

Selbstfürsorge in der Stadt

Die Stadt zehrt an unseren Nerven. Deshalb ist es wichtig, unsere inneren Kraftressourcen immer wieder aufzufüllen. Die wichtigste Regel hierfür lautet: Sei gut zu dir!
Genau davon sind wir aber oft meilenweit entfernt. Anstatt behutsam und rücksichtsvoll mit uns selbst umzugehen, jagen wir uns durch den Alltag und geißeln uns noch, wenn uns schließlich die Puste ausgeht. Machen Sie sich bewusst: Jeder Augenblick, in dem Sie sich mitfühlend und liebevoll sich selbst zuwenden, gibt Ihnen neue Kraft und Zuversicht.

ERSTE HILFE: SEI GUT ZU DIR!

- Legen Sie die Hände aufs Herz und spüren Sie, wie ihre Wärme an Ihr Herz dringt.
- Atmen Sie dreimal bewusst in den Bauchbereich, um sich zu stabilisieren.
- Sagen Sie sich innerlich wohltuende, ermutigende oder tröstende Worte.

Zuallererst Selbstmitgefühl!

Christopher Germer

Weshalb Selbstfürsorge so schwer fällt

Um gut zu sich selbst zu sein, müssen wir zuerst einmal wissen, was uns guttut. Doch genau das wissen wir in der Hektik des Stadtalltags oft gar nicht so recht. Unsere Aufmerksamkeit ist durch die vielen Ablenkungen und Reize der Stadt ständig auf die Außenwelt gerichtet. Dabei verlieren wir uns selbst aus dem Blickfeld.

REFLEXION:

Wohltuer erkennen

Halten Sie während des Tages öfters kurz inne und fragen Sie sich:

- Was würde mir jetzt guttun?
- Was braucht mein Körper jetzt?
- Wie kann ich jetzt gut für mich sorgen?
- Und dann tun Sie es – JETZT!

Rituale der Selbstliebe

Der Achtsamkeitspsychologe Christopher Germer rät in seinem Buch »Der achtsame Weg zur Selbstliebe« dazu, kleine Oasen der Selbstfürsorge und Rituale der Selbstliebe in den Alltag einzubauen. Psychologische Studien belegen, dass Menschen, die gut für sich selbst sorgen, über weit mehr Ressourcen und Widerstandskräfte verfügen als Menschen, die sich immer antreiben und sich keine Auszeiten gönnen.

ACHTSAMKEITSREFLEXION:

Meine Oasen der Selbstfürsorge

Nehmen Sie sich in einer ruhigen Stunde ein Blatt Papier zur Hand und schreiben Sie alles auf, was Ihnen guttut. Dinge, die Sie immer wieder aufschieben, weil Sie meinen, Sie hätten gerade keine Zeit dafür. Hängen Sie sich die Antworten an einen gut sichtbaren Platz und erinnern Sie sich daran, diese Oasen aufzusuchen.

- Was entspannt meinen Körper?
- Was regt meinen Geist an?
- Was nährt meine Seele?
- Was erleichtert mein Herz?

ACHTSAMKEITSINSPIRATION:

Muße-Momente

Gönnen Sie sich kleine, doch feine Auszeiten im geschäftigen Stadtalltag. Das kann der Cappuccino auf dem Weg nach Hause sein, ein kurzer Spaziergang im nahegelegenen Park, das entspannte Feierabendbier mit Freunden, der Saunabesuch mit der besten Freundin, der Sonntagsbrunch mit der Familie im Stammcafé um die Ecke. Kosten Sie diese Muße-Momente ganz bewusst und mit allen Sinnen aus. Und füllen Sie Ihre Kraftspeicher wieder auf.

Hart und nicht immer herzlich

Das Klima auf den Straßen, in den Supermärkten und U-Bahnstationen ist oft rau und ruppig. Wir werden angerempelt und angeraunzt. Wie wollen wir darauf reagieren? Blaffen wir zurück und erhöhen damit noch das Aggressionspotenzial der Stadt? Oder tragen wir zur Deeskalierung bei und sorgen erst einmal gut für uns?

ACHTSAMKEITSÜBUNG:

Drei Portionen Selbstmitgefühl

Wenn Sie spüren, dass Sie dringend etwas Selbstfürsorge und Selbstmitgefühl gebrauchen könnten, probieren Sie den folgenden Dreierschritt aus dem achtsamkeitsbasierten Mitgefühlstraining aus:

- Wenden Sie sich fürsorglich sich selbst zu und erkennen Sie an, dass Sie in diesem Moment eine unangenehme, vielleicht auch schmerzhafte Erfahrung machen. Sagen Sie sich: Das ist echt hart. Oder: Das tut weh.
- Machen Sie sich bewusst, dass Sie mit dieser Erfahrung nicht alleine sind, sondern dass auch andere Menschen ähnliche Erfahrungen in der Stadt machen. Fühlen Sie die Stärkung der Verbundenheit, die dadurch entsteht.
- Legen Sie Ihre Hände sanft auf Ihr Herz und spüren Sie die Wärme, die sich in Ihrem Brustbereich ausbreitet. Sagen Sie sich tröstende Worte wie: Ich sorge gut für mich. Alles wird gut. Ich bin in Sicherheit.

Home sweet home

Inmitten der Unruhe der Stadt ist es besonders wichtig, ein Zuhause zu haben, in dem wir uns geborgen fühlen, wo wir Ruhe finden und neue Kraft tanken können. Was gibt es Schöneres nach einem anstrengenden Tag, als sich auf dem Wohlfühlsofa unter die Decke zu kuscheln, mit der Familie in der behaglichen Küche zu sitzen, während das Essen auf dem Herd köchelt, mit dem Partner bei einem Glas Wein auf dem Balkon zu entspannen?

DAS SOFORT-ENTSPANNUNGSPAKET FÜR ZUHAUSE

FREE YOUR FEET!

Befreien Sie bei Ihrer Heimkehr als Erstes Ihre Füße. Das ist nicht nur äußerst angenehm, sondern auch ein deutliches Signal: Jetzt bin ich zu Hause. Jetzt lasse ich alles, was war, hinter mir! Schlüpfen Sie in Ihre bequemen Hausschuhe oder genießen Sie es, barfuß durch die Wohnung zu laufen.

REINIGUNGSRITUAL: HÄNDE WASCHEN

Lassen Sie Wasser über Ihre Hände laufen und stellen Sie sich dabei vor, wie alles Belastende des Tages von dem Wasser abgewaschen wird.

KÖRPERÜBUNG:

DAS GROSSE SCHÜTTELN

Mit dieser einfachen kleinen Übung können Sie Anspannungen und negative Gefühle, die Sie mit nach Hause gebracht haben, spielerisch loswerden. Auf geht's zum großen Schütteln!

- Stellen Sie die Füße schulterbreit auseinander und fest auf den Boden.
- Beginnen Sie sachte in den Knien zu wippen und spüren Sie, wie Ihr ganzer Körper dabei in Schwingung gerät. Stellen Sie sich vor, wie die in Ihrem Körper gespeicherten Anspannungen in den Boden unter Ihnen abfließen.
- Schütteln Sie die Hände, die Arme, die Beine aus, beugen Sie Ihren Rumpf nach vorne und lassen Sie auch einmal den Kopf hängen. Ihn den ganzen Tag zu tragen, kostet viel Kraft.
- Sie können während des Schüttelns auch befreiende Laute machen, laut seufzen oder ein befreiendes »Ha!« schreien, je nachdem, was sich gut anfühlt.
- Wenn Sie sich befreit von Anspannungen fühlen, lassen Sie die Übung langsam ausklingen und bleiben noch einige bewusste Atemzüge aufrecht stehen, um nachzuspüren.

ACHTSAMKEITSINSPIRATION:

Teatime, darling!

Die Engländer machen es uns seit Jahrhunderten vor. Egal, was kommen mag, am Ritual des Nachmittagstees wird nicht gerüttelt. Nutzen Sie dieses Ritual, um zu Hause anzukommen.

- Eine Teezeremonie beginnt mit der liebevollen und sorgfältigen Zubereitung des Tees.
- Wählen Sie eine schöne Tasse, deren Anblick Sie freudig stimmt.
- Gießen Sie den Tee Ihrer Wahl auf und sehen Sie dabei zu, wie das Wasser die Farbe des Tees annimmt.
- Schnuppern Sie den Duft des frisch aufgebrühten Tees.
- Spüren Sie die wärmende Teetasse in Ihren Händen.
- Trinken Sie langsam und ganz bewusst Schluck für Schluck.
- Nehmen Sie genüsslich wahr, wie sich die Wärme in Ihrem ganzen Körper ausbreitet.

MORGENMEDITATION:

INNERLICH WEIT WERDEN

Diese Meditation am Morgen öffnet den Raum für neue Begegnungen mit der Stadt und unterstützt Sie darin, sich positiv auf den Tag einzustimmen.

- Setzen Sie sich bequem und aufrecht hin und schließen Sie die Augen.
- Als ersten Schritt lenken Sie Ihre Aufmerksamkeit auf den gegenwärtigen Moment und nehmen Sie wahr, was ist, was Sie denken und fühlen.
- Richten Sie im zweiten Schritt Ihre Aufmerksamkeit auf den Atem. Wo im Körper spüren Sie diesen am deutlichsten? Atmen Sie bewusst ein und aus.
- Im dritten Schritt erweitern Sie Ihre Aufmerksamkeit auf den Körper als Ganzes und nehmen den gesamten Raum wahr, den Ihr Körper einnimmt. Welche Empfindungen können Sie wahrnehmen? Gibt es Anspannungen, Verspannungen? Welche Körperstellen sind deutlich wahrzunehmen? Lassen Sie den Atem dort hinfließen, sodass sich die Körperstellen weiten und weich werden.
- Nehmen Sie dieses Gefühl von Weite und Offenheit ganz bewusst wahr und lassen Sie es durch Ihren ganzen Körper fließen, um diese Weite nach der Übung mit durch den Tag zu nehmen.

KÖRPERÜBUNG:

Erden und Kraft tanken

Bevor Sie die Geborgenheit Ihrer Wohnung verlassen und in das Getöse der Stadt aufbrechen, gönnen Sie sich noch einen kurzen Moment der Achtsamkeit.

- Spüren Sie Ihre Füße, wie diese fest auf dem Boden stehen.
- Machen Sie sich bewusst: Die Erde trägt Sie.
- Imaginieren Sie, wie Sie mit jedem Atemzug Kraft aus der Erde von Ihren Füßen durch den ganzen Körper ziehen.
- Machen Sie sich nun gestärkt auf Ihren Weg durch die Stadt.

Jeder Tag ist ein guter Tag.

Zenmeister Ummon

Menschen in der Stadt

Niemand ist eine Insel. Und in der Stadt schon gleich gar nicht. Hier sind wir umgeben, umschwirrt, umzingelt von Menschen. Manchmal zu unserer Freude, manchmal zu unserem Leidwesen. Manchmal fühlen wir uns pudelwohl inmitten der Menschenmenge, manchmal seufzen wir nur noch entnervt »Beam me up, Scotty!«.

ACHTSAMKEITSREFLEXION

Wie kann ich meinen Raum wahren und zugleich mit anderen Menschen verbunden bleiben?

Eine ganze Menge Menschen

Der Raum in der Stadt ist begrenzt. Und er wird von vielen Menschen bevölkert, die einem manchmal ganz schön auf die Pelle rücken können. Unser Körper reagiert instinktiv darauf und bereitet sich auf Flucht oder Angriff vor. Er schüttet

Stresshormone aus, die Muskelspannung nimmt zu, wir atmen schneller, der Blutdruck steigt und der Herzschlag beschleunigt sich. Das kann reichlich unangenehm sein, wenn wir gerade in einer Menschenansammlung feststecken.

ATEMMEDITATION:

Verbundenheit atmen

Anwendbar in Bus, Bahn und U-Bahn, an öffentlichen Plätzen und Räumen, in Cafés und Restaurants und immer dann, wenn Sie von vielen Menschen umgeben sind.

- Nehmen Sie zehn langsame und tiefe Atemzüge.
- Richten Sie Ihre Aufmerksamkeit bei den ersten fünf Atemzügen auf Ihren Bauch und nehmen Sie wahr, wie sich die Bauchdecke beim Einatmen hebt und beim Ausatmen wieder senkt.
- Während der nächsten fünf Atemzüge weiten Sie Ihre Aufmerksamkeit, sodass Sie neben dem Atem auch Ihre Umgebung und die Menschen um Sie herum wahrnehmen.
- Indem Sie atmend in Kontakt mit Ihrer Umgebung treten, verbinden Sie sich mit dieser.

ERSTE HILFE IN MENSCHENMENGEN

- *Atmen:* Atmen Sie langsam und tief ein und aus. Damit signalisieren Sie Ihrem Gehirn, dass es aus dem Flucht- und Kampfmodus aussteigen darf. Die Anspannung in Ihrem Körper lässt nach.
- *Erden:* Verankern Sie sich, indem Sie ganz bewusst Ihre Füße und den Kontakt zum Boden wahrnehmen.
- *Verbinden:* Menschenmassen erleben wir oft als bedrohlich. Wir befürchten, darin unterzugehen. Blicken Sie daher nicht auf die Masse, sondern auf einzelne Menschen. Erforschen Sie interessiert: Was macht diesen Menschen einzigartig und liebenswert?

Hipster! Banker! Penner!

Seien wir ehrlich: Oft blicken wir bei anderen Menschen zuerst auf das, was sie von uns unterscheidet. Wir kategorisieren sie, stecken sie in Schubladen, beurteilen und bewerten sie. Oft entspringt dies einem Gefühl der eigenen Verunsicherung. Wir wollen uns stark fühlen, schützen und abgrenzen. Doch Abgrenzung bedeutet immer auch Trennung und Isolation. Wie aber können wir die Gemeinsamkeit stärken?

ACHTSAMKEITSMEDITATION:

Alle Menschen wollen glücklich sein

- Nehmen Sie Ihre wertenden Gedanken beim Anblick anderer Menschen wahr.
- Halten Sie dann Ausschau nach etwas, das Sie mit diesen gemeinsam haben. Gerade auch mit denen, die so ganz anders aussehen und anders ticken.
- Wenn es Ihnen schwer fällt, etwas zu finden, dann nehmen Sie sich die Worte des Dalai Lama zur Inspiration: »Alle Menschen wollen glücklich sein.«
- Machen Sie sich bewusst: Auch wenn die Wege dorthin sehr verschieden sind, so wollen doch alle Menschen, genau wie Sie auch, glücklich sein.
- Schauen Sie einen anderen Menschen an und erkennen Sie: »So wie ich möchte dieser Mensch glücklich sein.«
- Damit betonen Sie das Gemeinsame. Das stärkt die Verbundenheit und öffnet der Mitmenschlichkeit den Raum.

Immer ist
der wichtigste Mensch der,
der dir gerade gegenübersteht.

Meister Eckhart

Wenn das Reptiliengehirn Alarm funkt

Gerade in Menschenmengen wird unser altes Reptiliengehirn aktiv, um uns vor möglichen Gefahren zu warnen. Argwöhnisch scannt es die Menschen um uns herum: Wer sieht bedrohlich aus, wer könnte mir gefährlich werden?
Wenn es gut justiert ist, wird Sie dieses instinktive Alarmsystem zuverlässig vor Gefahrensituationen warnen. Sie sind dann ganz präsent und können blitzschnell reagieren. Wenn Ihr Reptiliengehirn aber die Kontrolle übernimmt, wird es ungemütlich für Sie und andere. Möchten Sie etwa mit der Ausstrahlung eines Alligators durch die Straßen patrouillieren?

IMPULS:

See you later, Alligator!

Seien Sie freundlich zu Ihrem Alarmsystem: »Danke, altes Reptiliengehirn!«
Wenn es nervt, verabschieden Sie es rockend:
»See you later, Alligator!«

Das Schöne in den Blick nehmen

Es liegt immer an uns: Wollen wir auf die Schatten- oder die Sonnenseiten anderer Menschen blicken? Wollen wir uns auf das fokussieren, was uns stresst und ärgert oder auf das, was uns erfreut und angenehm überrascht? Was von beidem macht uns wohl zufriedener?

Meine Philosophie ist Freundlichkeit.
Dalai Lama

ALLTAGSÜBUNG:

ICH SEHE WAS, WAS DU NICHT SIEHST

- Blicken Sie mit Wohlwollen, Offenheit und Neugier auf die Menschen, denen Sie begegnen.
- Was gefällt Ihnen an diesen?
- Welche positiven Eigenschaften können Sie entdecken?

ALLTAGSÜBUNG:

OPEN YOUR HEART!

Häufig sind wir gar nicht in Kontakt mit unseren Gefühlen. Unsere Herzen sind geschlossen, weil wir uns vor zu viel Nähe mit Fremden schützen wollen und das Leid auf den Straßen gar nicht wahrnehmen wollen. Wenn unser Herz verschlossen ist, können wir aber auch keine Freude spüren. Denn nur ein offenes Herz ist ein fühlendes Herz.

- Entscheiden Sie sich heute dafür, mit offenem Herzen durch die Stadt zu gehen.
- Legen Sie bei Bedarf eine Hand wärmend aufs Herz und atmen Sie bewusst in Ihr Herz hinein.
- Stellen Sie sich vor, dass Sie die Menschen, denen Sie begegnen, mit Ihrem Herzen anschauen.
- Spüren Sie die Verbindung, die dadurch entsteht.
- Vielleicht möchten Sie den Menschen, die Sie treffen, einen

inneren Wunsch mit auf den Weg geben: Ich wünsche dir Frieden. Mögest du frei sein von Leid. Mögest du glücklich sein.

- Spüren Sie nach, wie sich diese Übung auf Ihr eigenes Wohlbefinden auswirkt.

ACHTSAMKEITSIMPULS:

Zeichen der Freundlichkeit setzen

Setzen Sie mit einem Lächeln, einer hilfsbereiten Geste, einem »Danke!«, einem Smalltalk Zeichen der Freundlichkeit im Stadtalltag. Nehmen Sie wahr, wie sich dies nicht nur auf andere, sondern auch auf Ihre eigene Stimmung positiv auswirkt.

Der kürzeste Weg zwischen zwei Menschen ist ein Lächeln.

Chinesische Weisheit

Der Penner & ich

Die Schere zwischen Reich und Arm öffnet sich. Die Armut wächst. Immer mehr Menschen leben auf der Straße. Das Leid der Betroffenen wächst. Und mit ihm das Unbehagen der Bewohner.

SELBSTREFLEXION:

Mein Umgang mit Obdachlosen

- Schaue ich weg?
- Blicke ich geringschätzig von oben auf sie herab?
- Gebe ich ein Almosen, um mein Gewissen zu beruhigen?
- Nehme ich mir die Zeit für einige Worte auf Augenhöhe?
- Bin ich mir bewusst, dass auch ich, mit etwas weniger Glück, hier sitzen könnte?

Mitgefühl aktivieren

»Tätiges Mitgefühl« nannte der Missionsarzt Albert Schweitzer das Engagement des Herzens, das sich nicht vor dem Leid anderer verschanzt, sondern sich diesem zuwendet. In erster Linie

braucht es hierfür die Bereitschaft, die eigene Komfortzone hin und wieder zu verlassen und Orte der Not aufzusuchen.
Der wirksamste Weg zur Aktivierung von Mitgefühl ist die Erfahrung des Leids anderer am eigenen Leib. Diese Erkenntnis setzte der Zen-Meister Bernard Glassman in seinen »Street-Retreats« um, mit denen er Menschen die Not von Obdachlosen nahebringen wollte. Er ging mit diesen für eine Woche auf die winterlichen Straßen von New York, ohne Geld und nur mit dem, was sie am Leibe trugen, um das Schicksal der Obdachlosigkeit zu teilen. Für alle, die an solch einem Retreat teilnahmen, war es eine eindrückliche Lektion. Die eigene Erfahrung, gänzlich ungeschützt und zum Überleben auf die Hilfe anderer Menschen angewiesen zu sein, ließ sie die Verbundenheit mit den Ausgegrenzten der Gesellschaft unmittelbar erfahren.

ALLTAGSÜBUNG:

VOM LEBEN AUF DER STRASSE

Wollen Sie eine Ahnung davon erhalten, wie sich das Leben auf der Straße anfühlt? Wenn Sie das nächste Mal einen Obdachlosen sehen, fangen Sie ein freundliches Gespräch an und fragen ihn, ob er etwas dagegen hat, wenn Sie sich kurz zu ihm setzen. Sie werden nicht nur sein Erstaunen ernten und einiges über sein Leben erfahren, sondern auch die Gelegenheit erhalten, die Welt aus seiner Perspektive wahrzunehmen.

- Was verändert sich an Ihrem Erleben, wenn Sie von unten auf die vorübergehenden Menschen blicken?
- Welche Reaktion ernten Sie von den Vorübergehenden? Blicken die meisten weg? Ernten Sie ärgerliche und verachtungsvolle Blicke?
- Nehmen Sie – falls Sie das Glück haben, diese zu erhalten – die Wohltat mitfühlender Blicke, Gesten und Worte wahr.

ERSTE-HILFE-PAKET

IM UMGANG MIT OBDACHLOSEN

- Haben Sie etwas Essbares in Ihrer Tasche? Dann teilen Sie es!
- Verschenken Sie in der Sommerhitze eine Flasche Wasser, im Winter einen warmen Tee.
- Rufen Sie die Ambulanz oder im Winter die Kälte-Nothilfe, wenn Sie einen obdachlosen Menschen in Not sehen. Glauben Sie bloß nicht, dass jeder Penner, der bewusstlos am Straßenrand liegt, betrunken ist!

Es gibt nichts Gutes,
außer man tut es!

Erich Kästner

ALLTAGSIMPULS:

Für Menschlichkeit eintreten

Nur wenn wir wach und achtsam sind, können wir auch reagieren, wenn die Menschlichkeit auf den Straßen der Stadt bedroht ist.

- Treten Sie ein für den Migranten, der angepöbelt wird; für die Frau, die belästigt wird; für das Kind, das geschlagen wird; für den Hund, der getreten wird.
- Holen Sie Hilfe, wenn die Situation bedrohlich wirkt und alleine nicht zu bewältigen ist.

Gemeinsam statt einsam

Einsamkeit und Isolation schmerzen. Doch gerade in den großen Städten greift die Einsamkeit um sich. Traditionelle Netzwerke, die früher noch Halt und Schutz boten, sind brüchig geworden. In Berlin gibt es mittlerweile mehr Single- als Familienhaushalte. Die Freiheit des Alleinlebens, die in jungen Jahren noch so verlockend ist, enthüllt mit zunehmendem Alter aber auch ihre Schattenseiten. Ungebundenheit kann dann zur Unverbundenheit und Freiheit zur Einsamkeit werden. Als Reaktion darauf entstehen neue Wohnformen des Miteinanders, Co-Housing-Projekte, Mehrgenerationenhäuser und auch die Wohngemeinschaft, früher nur eine Lebensform der Jungen, erlebt ein Revival in der Lebensmitte.

ACHTSAMKEITSIMPULS:

Netzwerke der Verbundenheit weben

In der Anonymität der Großstadt brauchen wir ein stabiles Netzwerk von Freunden, Familienangehörigen, Bekannten und Nachbarn. Von Menschen also, für die wir da sind, und die für uns da sind, wenn wir Unterstützung benötigen.

- Lernen Sie Ihre Nachbarn persönlich kennen und nutzen Sie ebenso die Möglichkeiten digitaler Nachbarschaftsnetzwerke, um in Kontakt mit Ihren Nachbarn zu kommen.
- Halten Sie Ausschau nach gleichgesinnten Menschen, mit denen Sie sich für etwas engagieren können. Das kann die wöchentliche Yoga-Gruppe sein, die Wandergruppe, die Bürgerinitiative. Gemeinsame Aktivitäten knüpfen neue Beziehungsnetze.

ERKENNTNIS:

Gemeinschaft stiftet Geborgenheit.

ACHTSAMKEITSIMPULS:

DIE EINSAMKEIT LINDERN

Es herrscht viel Einsamkeit in den Städten. Doch Sie und ich und jeder von uns kann etwas dazu beitragen, diese zu lindern.

- Seien Sie wach und aufmerksam für die Menschen um Sie herum.
- Sprechen Sie Menschen an, die ganz offensichtlich einsam sind.
- Nehmen Sie sich Zeit für einen Smalltalk mit dem alten und alleinlebenden Nachbarn.
- Helfen Sie der gestrandeten Touristin und gehen Sie ein Stück des Weges mit ihr.

Einfach nur lächeln

Wer lächelt, hebt das eigene Stimmungsbarometer und lockt gute Laune und freundliche Menschen an. Lächeln gilt nicht umsonst als eine erfolgreiche Medizin gegen Stress, Ärger und Angst. Die Muskeln in unserem Gesicht entspannen sich und Glückshormone werden ausgeschüttet. Und das Schöne ist: Lachen ist ansteckend! Worauf also warten Sie? Schicken Sie ein Lächeln in die Stadt!

ALLTAGSINSPIRATION:

Smile!

- Halten Sie auf Ihrem Weg durch die Stadt Ausschau nach Gelegenheiten zum Schmunzeln, Kichern oder einem herzhaften Gelächter!
- Stecken Sie andere mit Ihrer guten Laune an und heben Sie das Stimmungsbarometer der Stadt.

La dolce vita

Mit dem Filmklassiker »La Dolce Vita« drehte Federico Fellini eine Hommage an sein geliebtes Rom. Weltberühmt wurde die Szene, in der Anita Ekberg im nächtlichen Rom in den Trevi-Brunnen steigt, um das kühlende Nass zu genießen. Weshalb tun wir nicht auch öfter etwas ähnlich Spontanes und Sinnliches? Weshalb ziehen Sie nicht gleich heute los und erkunden das süße Leben der Stadt?

Mal wieder schlendern

Seien wir ehrlich: Oft laufen wir doch wie mit Scheuklappen durch diese schöne Welt. Ohne nach links oder rechts zu blicken, hetzen wir durch die Straßen der Stadt. Wie wäre es, wenn wir diese mal wieder mit offenen Sinnen und ohne Ziel und Zweck durchstreifen würden? Wenn wir schlendern statt springen würden? Wenn wir die hohe und fast vergessene Kunst des Flanierens wiederentdecken würden?

ALLTAGSÜBUNG:

Achtsames Flanieren

- Nehmen Sie sich Zeit für einen Flaniergang und lassen Sie sich ohne Eile durch die Straßen treiben.
- Folgen Sie Ihren Impulsen und erkunden Sie die großen Plätze ebenso wie die verwinkelten Gassen.
- Nehmen Sie die Details wahr, die schönen Fassaden und deren Risse und Brüche, die kleine Blume im Rinnstein und den achtlos hingeworfenen Müll.
- Schenken Sie dem Unbedeutenden ebenso Aufmerksamkeit wie dem Spektakulären.
- Öffnen Sie sich Ihrer Umgebung mit allen Sinnen. Seien Sie ganz gegenwärtig. Lauschen Sie, riechen Sie, lassen Sie Ihren Blick aufmerksam schweifen. Sammeln Sie Eindrücke.

Entspanne dich. Lass das Steuer los.
Trudele durch die Welt. Sie ist so schön:
gib dich ihr hin, und sie wird sich dir geben.

Kurt Tucholsky

ACHTSAMKEITSREFLEXION:

Oh, süßes Leben!

- Wann löffelten Sie zuletzt genussvoll einen Eisbecher in der Eisdiele,
- nahmen sich Zeit für einen leckeren Cappuccino im Straßencafé,
- saßen auf einer Parkbank und blinzelten einfach nur gelassen in die Sonne,
- sahen Kindern bei ihrem ausgelassenen Toben auf dem Spielplatz zu?

Die Freuden des Stadtlebens auskosten

Von überallher strömen die Menschen, um durch ihre Straßen zu bummeln, in den Läden zu shoppen, Kultur zu genießen und sich in ihr aufregendes Nachtleben zu stürzen. Die Stadt fasziniert mit ihrer Vielfalt, sie ist kreativ und schöpferisch, strotzt nur so vor Lebendigkeit und erfindet sich ständig neu. Wer die Freuden des Stadtlebens zu genießen weiß, dem wird sie zum Jungbrunnen für Körper, Geist und Seele.

An Genuss bekommt
man nämlich nie zu viel.

Konstantin Wecker

Kulinarisches & Exotisches: Ein Fest für die Sinne

Kulinarische Genüsse aus aller Herren Länder sind in der Stadt oft in unmittelbarer Laufnähe erreichbar. Doch ganz gleich, ob exotisch oder gutbürgerlich, ob Fast Food oder vegan – essen Sie achtsam! Dann wird jedes Essen zu einem Fest der Sinne.

ALLTAGSÜBUNG:

ACHTSAM ESSEN

Essen ist eine ideale Gelegenheit, um aus dem Modus der städtischen Zerstreutheit auszusteigen und die Aufmerksamkeit zu bündeln. Gerade dann, wenn Sie gestresst sind, können Sie diese Zeit bewusst nutzen, um zur Ruhe zu kommen.

- Voraussetzung ist, das Multitasking einzustellen, das wir uns gerade beim Essen in der Stadt angewöhnt haben. Legen Sie Zeitung und Handy beiseite und schalten Sie den Computer aus.
- Richten Sie Ihre Aufmerksamkeit auf die Speisen, die vor Ihnen auf dem Teller liegen. Was können Sie riechen? Was können Sie sehen?
- Vielleicht möchten Sie einen inneren Dank sagen, bevor Sie mit dem Essen beginnen.
- Essen Sie langsamer als sonst. Es hilft, wenn Sie während des Kauens das Besteck weglegen. Nehmen Sie sich die Zeit, jeden Bissen aufmerksam zu kauen, so dass sich der Geschmack der Köstlichkeiten entfalten kann.
- Im Einfachen ebenso wie im Kulinarischen können Sie so den Genuss entdecken (im Fastfood nicht, denn je länger Sie es kauen, desto weniger Substanz hat es).
- Bleiben Sie mit Ihrer Achtsamkeit ganz bei dem, was Sie schmecken und riechen können. So wird die Mahlzeit zu einer erholsamen Achtsamkeitspause im Stadtalltag.

Ballhaus & Technoclub

Tanzen ist Lebensfreude pur. Und eine gute Gelegenheit, das Nachtleben der Stadt zu erkunden. Beim Tanzen kommen wir in intensiven Kontakt mit unserem Körper. Denn Tanzen erfordert unsere ungeteilte Aufmerksamkeit. Wir sind ganz da. Wir schwingen uns ein in den Rhythmus der Musik, folgen den Bewegungen des anderen, bewegen uns im Einklang mit dem Takt der Musik. Wir spüren die Sinnlichkeit der Salsa und die Eleganz des Walzers, wir geben unserer Lebensfreude mit einem feurigen Flamenco Ausdruck, unserer Traurigkeit mit einem tragischen Tango, unserem Zorn bei ekstatischem Techno.

Let's dance
Put on your red shoes
and dance the blues

David Bowie

Let's dance!

- Tanzen Sie so oft und wo immer Sie können!
- Tanzen Sie allein oder mit anderen, im Technoclub, im Ballhaus, besuchen Sie eine Milonga oder eine der vielen Ü30- bis Ü60-Partys, die in der Stadt angeboten werden.
- Fassen Sie Mut und belegen Sie einen Tanzkurs.
- Machen Sie Ihr Wohnzimmer öfters mal zum Dancefloor.

Mal wieder staunen

Staunen ist der Königsweg zu einem achtsamen Leben. Der Schleier der Alltagsroutine hebt sich und wir sehen die Stadt mit einem ganz neuen und unverstellten Blick. Für einen Moment blicken wir in das Sein der Dinge und können die Essenz der Stadt erspüren.

ALLTAGSÜBUNG:

Stadtsafari

Brechen Sie zu einer Fotosafari in den Großstadtdschungel auf. Sie werden zwar kein Großwild vor die Linse bekommen, aber jede Menge einzigartige Stadtimpressionen.

- Wählen Sie für Ihre Safari einen Stadtteil, den Sie noch nicht kennen.
- Entscheiden Sie sich dafür, diesen zu Fuß zu erkunden und nehmen Sie sich hierfür genügend Zeit mit.
- Seien Sie ganz aufmerksam und richten Sie einen wachen und neugierigen Blick auf Ihre Umgebung.
- Halten Sie Fotokamera oder Handy griffbereit und erfassen Sie besondere Momente mit einem Klick.
- Sehen Sie sich am Abend die Fotos noch einmal in aller Ruhe an. Spüren Sie nach, was Sie in dem Moment gefühlt haben. So können Sie Erinnerungen intensivieren und in Ihren Glücksspeicher aufnehmen.

Kultur pur

Kunst und Kultur sind in der Stadt zuhause. Sie nähren unseren Geist, weiten unseren Horizont und sind eine wahre Bereicherung für unser Leben.
Nutzen Sie daher das reiche kulturelle Angebot, besuchen Sie Konzerte, Theateraufführungen, Kunstgalerien, Museen. Lauschen Sie, schauen Sie, erforschen Sie diese Kulturangebote mit allen Sinnen und lassen Sie sich neu inspirieren!

ACHTSAMKEITSINSPIRATION:

HEUTE INS KUNSTMUSEUM

Der Besuch einer Kunstgalerie ist eine ganz besondere visuelle Entdeckungsreise. Jedes Kunstwerk enthüllt uns etwas Einzigartiges. Ganz gleich, ob es sich dabei um die Werke der alten Meister oder um moderne Kunst handelt. In den Galerien und Kunstmuseen der Stadt lernen wir zu staunen und die Welt mit neuen Augen zu sehen.

- Wählen Sie ein Gemälde, das Sie besonders anspricht und nehmen Sie sich Zeit, um es tiefgehend zu erforschen.
- Lassen Sie das Zusammenspiel der Farben und Formen und die Gesamtkomposition des Bildes auf sich wirken.
- Welche Gefühle löst es in Ihnen aus?

Heute in den Konzertsaal

Ein klassisches Konzert ist nicht nur ein Labsal für unseren vom Stadtlärm strapazierten Gehörsinn, es wirkt sich auch entspannend und gesundheitsfördernd auf unseren ganzen Körper aus. Wissenschaftliche Studien belegen, dass klassische Kompositionen den Blutdruck und die Herzfrequenz senken, die Atmung beruhigen und Stresshormone reduzieren. Das Reich der Klänge hat eine starke Wirkung auf unser Gemütsleben.

Im Wirtschaftswunderland

Die Innenstadt ist Sitz der Konsumtempel und Mekka der Schnäppchenjäger. Das Angebot ist gigantisch. Und die Verlockungen groß. Die Kaufhäuser und Shopping-Malls der Stadt sind bis zum Dach vollgestopft mit Dingen. Und für uns Kinder des Wohlstands ist es völlig normal, auf ein Überangebot an mehr oder weniger nützlichem Zeug zu treffen. Wir vergessen dabei, wie privilegiert wir sind und dass zahllose Menschen weltweit keinen Zugriff auf viele dieser Güter haben. Wie aber können wir den Wert der Dinge erkennen, wenn wir sie noch nie entbehren mussten?

ACHTSAMKEITSIMPULS:

Bummeln statt Shoppen

Die grundsätzliche Frage ist doch: Müssen wir die Dinge besitzen, um uns an ihnen erfreuen zu können? Brechen Sie zur Beantwortung dieser Frage einmal zu einem Streifzug durch die Einkaufspassagen und Kaufhäuser auf. Ohne Geldbörse! Und ohne Kreditkarte!

- Lassen Sie Ihre Augen genüsslich über das schillernde und bunte Sortiment an Textilien, Büchern, Haushaltswaren streifen.
- Erfreuen Sie sich an der Schönheit der Dinge, ohne dem Sog zu verfallen, sie mit heimnehmen zu wollen.
- Erinnern Sie sich an die Worte von Sokrates, der beim Gang über den Marktplatz einmal zufrieden sagte: »Wie zahllos sind doch die Dinge, derer ich nicht bedarf.«

ACHTSAMKEITSREFLEXION:

Haben oder Sein

Bevor Sie das nächste Mal etwas kaufen, fragen Sie sich einmal interessiert:

- Brauche ich das tatsächlich?
- Möchte ich damit mir oder einem anderen Menschen eine Freude machen?
- Versuche ich mir damit ein ungestilltes emotionales Bedürfnis zu erfüllen?

Mitten drin Ruhe finden

Um sich immer wieder den vielen neuen und bereichernden Eindrücken öffnen zu können, müssen wir mitunter auch einfach mal unseren Geist ruhen lassen. Das aber ist in unserer unruhigen und hektischen Zeit leichter gesagt als getan. Wie also soll das gehen?

ALLTAGSMEDITATION:

Den Geist ruhen lassen

Mit dieser kleinen Übung können Sie mitten im Großstadtdschungel eine Oase der Ruhe finden.

- Nehmen Sie auf einer Parkbank oder in einem Café Platz.
- Setzen Sie sich ganz entspannt hin.
- Und nun tun Sie einmal – nichts!
- Es gibt jetzt nichts zu erreichen, nichts zu durchdenken, nichts zu planen. Sie ruhen einfach im Augenblick. Offenes Gewahrsein wird dieser Zustand in der Achtsamkeitspraxis genannt.
- Gelassen lassen Sie zu, was in Ihnen und um Sie herum geschieht. Ihre Gedanken dürfen kommen und gehen, ohne dass Sie diese kontrollieren oder bewerten.
- Sie nehmen Geräusche um sich herum wahr, sie sehen, was um Sie herum geschieht, ohne dies verändern zu wollen.
- Indem Sie die Hände von den Kontrollknöpfen des Lebens nehmen, kann Ihr Geist ruhen.

Grüne Oasen

Parkbaden in der Stadt

Was wären wir Städter ohne unsere großen grünen Freunde, die Bäume? Im Sommer spendet uns ihr Blätterdach Schatten, im Herbstwind erfreut uns ihr Rauschen und im Frühling verleihen uns ihre aufbrechenden Knospen neue Lebenskraft. Mit ihrer mächtigen grünen Lunge pumpen sie unablässig Sauerstoff in den Smog der Stadt und schaffen Raum, um frei zu atmen.
Mittlerweile hat auch die Medizin die Heilkraft der Bäume entdeckt und empfiehlt das Waldbaden als Heilkur. Es ist wissenschaftlich erwiesen: Je mehr Bäume in einem Wohngebiet stehen, desto gesünder sind seine Anwohner. Das Herz schlägt ruhiger, der Blutdruck sinkt und das Immunsystem wird gestärkt. Wir kommen innerlich zur Ruhe, der Körper entspannt sich und unser Gemütszustand hellt sich auf, sobald wir uns unter das schützende Dach eines großen Baumes begeben.

MEDITATION:

DIE KRAFT DES BAUMES

Ein starker Baum ist wie ein guter Freund, der einem den Rücken stärkt und in guten und schlechten Zeiten verlässlich zur Seite steht. Mit dieser Meditation können Sie die Kraft des Baumes in sich zum Leben erwecken:

- Gehen Sie in einen nahegelegenen Park und suchen Sie sich einen Baum aus, der sie spontan anspricht.
- Nehmen Sie Kontakt mit dem Baum auf und nehmen Sie ihn mit allen Sinnen wahr. Betrachten Sie ihn aufmerksam, ertasten Sie seine knorrige Rinde, atmen Sie seinen harzigen Geruch ein, hören Sie auf das Rauschen der Blätter und das Knarren seiner Äste.
- Lehnen Sie sich mit Ihrem Rücken an den Baum und spüren Sie seine stärkende Präsenz.
- Stellen Sie sich vor, wie der Baum seine Kraft mit seinen tiefen Wurzeln aus der Erde zieht, wie diese von den Wurzeln hochströmt in seine mächtige Krone.
- Werden Sie selbst ganz bewusst Teil dieses Kraftstroms, während Sie sich fest an den Baum anlehnen.
- Spüren Sie die Vitalität, die durch Ihren Körper strömt und nehmen Sie die Rückenstärkung des Baumes mit in Ihren Alltag.

Wer wollte leben
ohne den Trost der Bäume?
Günter Eich

YOGAÜBUNG:

DER BAUM

Nicht immer haben wir einen Baum in der Nähe. Mit dieser Yogaübung können Sie die Kraft des Baumes auch in Ihrer Wohnung zum Leben erwecken.

- Stellen Sie sich aufrecht und doch entspannt hin. Spüren Sie die Fußsohlen auf dem Boden.
- Stellen Sie sich vor, dass Sie selbst ein Baum sind. Dass Sie wie ein Baum beim Einatmen die Kraft durch Ihre Fußsohlen bis hoch in den Kopf ziehen. Dass Sie wie ein Baum tief in der Erde verwurzelt und verbunden sind mit dem Himmel, der sich über Ihnen weitet.
- Atmen Sie einige Male bewusst ein und aus.
- Strecken Sie dann langsam die Arme seitlich aus.
- Verlagern Sie nun Ihr Gewicht auf das rechte Bein, heben Sie den linken Fuß und drehen Sie das Knie nach außen.
- Legen Sie dann den Fuß mit der Fußsohle an die Innenseite der rechten Wade.
- Legen Sie die Hände vor der Brust wie in einer Gebetshaltung zusammen.
- Richten Sie den Blick auf einen fixen Punkt vor Ihnen, um Ihr Gleichgewicht zu stärken und bleiben Sie solange in der Haltung, wie es Ihnen möglich ist.
- Wiederholen Sie dann die Übung auf dem anderen Bein.

Diese Haltung fördert Ihre Standkraft, stabilisiert und stärkt.

> Wenn ich nur noch
> heute zu leben hätte,
> würde ich ein Apfelbäumchen pflanzen.
>
> Martin Luther

INSPIRATION:

Bäume hüten

Da die Bäume so gut zu uns sind, liegt es nahe, dass auch wir gut zu ihnen sind und uns für ihren Schutz einsetzen. Wenn Sie die Möglichkeit haben, in einem Garten oder einem städtischen Gemeinschaftsgarten einen Baum zu pflanzen, dann tun Sie das! Vielleicht werden Sie auch zum Baumpaten, indem Sie die Finanzierung eines Stadtbaumes an einem öffentlichen Platz unterstützen. Dann können Sie diesen besuchen und ihm beim Wachsen zusehen. Oder unterstützen Sie internationale Baumpflanzinitiativen wie www.plant-for-the-planet.org. Indem Sie sich für den Schutz der Bäume einsetzen, setzen Sie sich für das Leben auf der Erde ein.

Grasgeflüster

Die Kraft der Erde können wir da spüren, wo sie nicht zubetoniert und asphaltiert ist. Gehen Sie daher öfters an die Orte, wo das Gras wächst.

> Ich glaube, dass ein Grashalm
> nicht geringer ist als
> ein Tageslauf der Gestirne.
>
> Walt Whitman

GRASWURZELMEDITATION

Diese kleine Meditation bringt Sie in Kontakt mit der Erde. Sie können diese Meditation überall dort durchführen, wo Gras wächst, in einem Park, einer Grünanlage, einem Garten in der Stadt. Diese Meditation ist allerdings nicht wintertauglich, sondern für die wärmeren Monate des Jahres gedacht. Denn sie wird barfuß durchgeführt.

- Ziehen Sie als Erstes Ihre Schuhe aus.
- Stellen Sie die Füße hüftbreit auseinander und fest auf die Erde.
- Richten Sie den Blick entspannt vor sich auf das Grün des Grases.
- Nehmen Sie wahr, wie Ihre Füße fest auf der Erde stehen. Spüren Sie das zarte Gras unter Ihren Fußsohlen. Vielleicht können Sie wahrnehmen, wie das Gras Ihre Zehen kitzelt.
- Bleiben Sie achtsam einige Zeit in dieser meditativen Haltung stehen.

ALTERNATIVE GRASWURZELMEDITATION:

DEM GRAS BEIM WACHSEN ZUHÖREN

An warmen Sommertagen können Sie sich für die Meditation auch lang ausgestreckt auf die Erde legen.

- Lassen Sie alle Anspannung los und nehmen Sie wahr, wie angenehm es ist, von der Erde getragen zu werden.
- Legen Sie Ihre Handflächen nach unten und spüren Sie das Kribbeln des Grases unter Ihren Händen.
- Liegen Sie ganz entspannt. Blicken Sie entspannt in den weiten Himmel über sich. Lauschen Sie auf die Geräusche um und unter sich. Vielleicht können Sie sogar dem Gras beim Wachsen zuhören.

INSPIRATION:

Urban Gardening

Gärtnern ist eine achtsame und zugleich tiefenentspannende Tätigkeit. Alle Sinne sind dabei im Einsatz. Kaum etwas hat einen so beruhigenden Einfluss auf gestresste Städterseelen wie die Gartenarbeit. Körper, Geist und Seele profitieren vom Pflanzen, Pflegen und Ernten gleichermaßen. Sei es, dass wir das Fensterbrett mit blühenden Blumentöpfen verzieren, Balkonblumen ansäen, Gemüse im Hochbeet im Hinterhof ziehen, Baumscheiben kunstvoll begrünen oder in Gemeinschaftsgärten zusammen mit anderen in der Erde wühlen. Der Stresspegel fällt verlässlich nach unten und wir verwurzeln uns im Hier und Jetzt.

Unten am Fluss

Viele Städte sind an einem Fluss gebaut, manche gar an einem großen See oder am Meer. Wir Menschen fühlen uns magisch angezogen vom Wasser. Nirgendwo sitzen die Städter zur Entspannung lieber als an einem Fluss, an einer Bucht am See oder am Strand. Am Nachmittag in der Sonne dösen, das Gesicht der Sonne entgegenstrecken, die Wärme auf der Haut spüren, den leichten Windhauch auf dem Gesicht wahrnehmen. Am Abend gemeinsam mit Freunden am Ufer sitzen und beim entspannten Gespräch auf das Wasser blicken.

Alles fließt.

Heraklit

WASSERMEDITATION:

Alles fließt

- Setzen Sie sich ans Ufer eines Flusses.
- Lassen Sie Ihren Blick absichtslos auf dem Wasser ruhen und sich von den dahinziehenden Wellen in einen meditativen Zustand versetzen.
- Beobachten Sie, wie sich das Licht im Wasser spiegelt, wie der Wind die Wellen kräuselt.
- Wenn Gedanken kommen, die Sie beschäftigen oder beunruhigen, lassen Sie diese wieder los und mit der Strömung weiterziehen.
- Nehmen Sie wahr, dass alles fließt und nichts bleibt, wie es ist. Und dass auch Ihre Sorgen und Kümmernisse nicht von Dauer sind, sondern weiterziehen.

Zum Abschluss:

Drei Achtsamkeitsexpeditionen in das Herz der Stadt

Die folgenden Achtsamkeitsexpeditionen eignen sich besonders für Besucher der Stadt, die Zeit für achtsames Entdecken mitbringen und ebenso für Bewohner, die sich die Zeit dafür nehmen. Nun können Sie alle achtsamen Übungen und Methoden anwenden, die Sie bisher in diesem Buch überzeugt haben. Schnallen Sie sich Ihren Achtsamkeitsrucksack auf und machen Sie sich auf eine Expedition.

1. Flanieren für Fortgeschrittene

Mit seinem Buch *Spazieren durch Berlin* schrieb der Schriftsteller Franz Hessel in den 1920er-Jahren eine zeitlose Hommage an das Flanieren. Eine empfehlenswerte Lektüre für alle, die sich in der Kunst des achtsamen Flaniergangs üben wollen. Denn beim Flanieren können wir die Poesie des Alltags erkunden und den Zauber der Stadt erspüren. Flanieren heißt, absichtslos durch die Straßen zu schweifen und dabei ganz wach im Hier und Jetzt zu sein, die Stadt neu zu entdecken, Eindrü-

cke zu sammeln und den Augenblick zu genießen. Flanieren ist ein Ausbruch aus der Zweckhaftigkeit des Alltags.
Und – Flanieren will gelernt sein! Gönnen Sie sich daher öfters einen Tag für die hohe Kunst des Flanierens. Erwecken Sie dabei den Müßiggänger und die Genießerin in sich zum Leben. Ziehen Sie zu einem Flaniergang durch die City zu einer Tageszeit los, die Ihnen angenehm ist. Von nun an gilt: Den inneren Impulsen folgen und sich ziellos durch die Menge treiben lassen. Seien Sie bereit, sich im Getümmel auch einmal zu verlieren. Nehmen Sie die flüchtige und wogende Bewegung des Urbanen wahr.
Schweifen Sie umher, lassen Sie Ihren Blick streifen, lauschen Sie auf die vielfältigen Geräusche der Stadt und nehmen Sie ihre Gerüche wahr. Bummeln Sie ohne Eile und seien Sie dabei ganz wach und aufmerksam für alles, was sich um Sie herum ereignet. Streifen Sie durch die Gassen der Stadt, erkunden Sie ihre öffentlichen Plätze, schenken Sie dem Unbedeutenden ebenso Ihre Aufmerksamkeit wie dem Spektakulären. Werden Sie zum leidenschaftlichen Beobachter des Flüchtigen und Sich-ständig-Verändernden. Sammeln Sie Eindrücke und lassen Sie sich von den Begegnungen mit den Menschen der Stadt überraschen.

Um richtig zu flanieren,
darf man nichts allzu Bestimmtes vorhaben.

Franz Hessel

2. Ein Rendezvous mit der Stadt

Die Stadt steckt voller kleiner und großer Wunder. Sie bietet zahllose Möglichkeiten, um unsere Sinne zu verwöhnen und das Leben im Hier und Jetzt intensiv zu erleben. Meist liegen all diese Möglichkeiten direkt vor unserer Nase. Nur können wir sie in unserem Alltagstrott oft gar nicht sehen, geschweige denn nutzen. Was hier hilft, ist ein Rendezvous. Ein Rendezvous mit der Stadt!

Stellen Sie sich vor, dass Sie sich mit der Stadt zu einem Date verabreden. Nur Sie beide. Frisch verliebt. Was möchten Sie Aufregendes zusammen erleben?

Gönnen Sie sich etwas, wofür Sie sich sonst nicht die Zeit nehmen. Für etwas, das Sie schon lange tun wollten und immer wieder auf die lange Bank schieben. Überlegen Sie sich doch gleich jetzt einmal, was das sein könnte: vielleicht ein Nachmittag im türkischen Hamam, eine Kunstausstellung, ein Streifzug über den Flohmarkt, der Besuch des Schlossgartens, ein Bummel durch die vielen kleinen Lädchen im Künstlerviertel.

Tun Sie etwas, das Sie glücklich macht, das Ihre ganze Aufmerksamkeit in Anspruch nimmt, das Sie ganz intensiv in Kontakt mit der Stadt bringt.

»And I think to myself,
what a wonderful world.«

Louis Armstrong

3. Street-Retreat

Viele Menschen nehmen sich eine Auszeit vom hektischen Stadtalltag, indem sie sich in ein Meditationszentrum oder für Exerzitien in ein Seminarhaus auf dem Lande zurückziehen. Hier halten sie Einkehr, um in der äußeren Stille zur inneren Stille zu finden.

Der amerikanische Zen-Meister Bernard Glassman und der Berliner Franziskanerpater Christian Herwartz taten hingegen etwas Überraschendes: Sie brachten die Zen-Meditation und die christlichen Exerzitien aus den stillen Klöstern auf die Straßen der Stadt und machten damit die Straße selbst zum Ort der Besinnung und Selbsterkenntnis.

Ein Straßen-Retreat ist eine großartige Achtsamkeitsexpedition in das Herz der Stadt:

- Nehmen Sie sich für diesen Retreat der besonderen Art einen ganzen Tag Zeit.
- Verlassen Sie Ihre Wohnung am Morgen und kehren Sie erst nach Ablauf von acht Stunden wieder zurück. Diese Stunden verbringen Sie auf den Straßen und Plätzen der Stadt.
- Nehmen Sie sich ausreichend Proviant für den Tag mit und stecken Sie sich zehn Euro als Weggeld ein – nicht mehr!
- Entscheiden Sie beim Verlassen des Hauses, wohin Ihr Weg Sie führen möchte.
- Erforschen Sie achtsam Orte, die Sie bereits kennen oder gehen Sie in Stadtteile, in denen Sie noch nie waren. Seien

Sie neugierig und offen und erschließen Sie sich fremde Welten und vertraute Orte neu.

- Lassen Sie sich überraschen. Schauen Sie tiefer, hören Sie genauer hin, spüren Sie feiner.
- Suchen Sie den Kontakt mit Menschen und machen Sie Begegnungen möglich.
- Gehen Sie auch an Orte, die Sie normalerweise meiden, dorthin, wo Menschen in Armut leben, wo unterschiedlichste Kulturen aufeinander treffen, wo Menschen auf den Straßen leben.
- Erforschen Sie Ihre Widerstände und aufflackernde Vorurteile.
- Nehmen Sie Ängste wahr, die durch Begegnungen mit dem Ungewohnten und Fremden in Ihnen ausgelöst werden.
- Fragen Sie sich: Wie offen bin ich für meine Umwelt?
- Wie reagiere ich auf die Menschen, die mir begegnen?
- Reflektieren Sie am Abend gemeinsam mit einem Menschen, was Sie erlebt haben oder vertrauen Sie Ihre Erlebnisse und Einsichten einem Notizbuch an.

Die Übung besteht darin,
das ganze Leben zur Meditationshalle
zu machen.

Bernard Glassman

Buchtipps zur Achtsamkeit

Thich Nhat Hanh: Jeden Augenblick genießen. Übungen zur Achtsamkeit. Freiburg 2011.

Rick Hanson: Denken wie ein Buddha. München 2013.

Jon Kabat-Zinn: Achtsamkeit für Anfänger. Freiburg 2013.

Linda Lehrhaupt: Die Wellen des Lebens reiten. Mit Achtsamkeit zu innerer Balance. München 2012.

Heike Mayer: Achtsam leben: Das kleine 1x1 für ein Leben im Hier und Jetzt. München 2015.

Christa Spannbauer: 40 Tage Achtsamkeit. Freiburg 2015.

Jessica Wilker: Das Einmaleins der Achtsamkeit. Freiburg 2011.

Ursula Richard: Stille in der Stadt. München 2011.

www.herder.de

Illustrationen: Anna Shkolnaya/Shutterstock.com (Hintergrund); Martyshava Maria/Shutterstock.com (Blätter); Yuliya Derbisheva VL6/Shutterstock.com (Schaukel); Zdenek Sasek/Shutterstock.com (Skyline)
Covergestaltung und Satz: Sandra Hacke Mediengestaltung, Dachau

Herstellung: Graspo CZ, Zlín
Gedruckt auf umweltfreundlichem, chlorfrei gebleichtem Papier
Printed in the Czech Republic

ISBN 978-3-451-03187-8